封面题字：

梁鼎光先生，恩平市歇马举人村人，著名书法家，中国书法家协会会员、广东省书法家协会原副主席，广东省文史馆馆员。

本辑以"土话与洋腔的交织"为话题，对汉语言与英语的双向交流与融合进行解读，这是身为恩平人的笔者，秉承故里航空大家冯如先生爱国爱乡、崇尚科学、敢为人先精神，对语言研究表达的一种尊重和大胆尝试。诚然，也可视为是研究方言的一种别出心裁的创新之举。透过恩平方言这个小窗口的诸多实例表明，汉语元素在英语里的确留下了汉为英用、"中为洋用"和"出口转内销"的痕迹，说明古老而弥坚的汉语言，在人类历史上传播的广泛和久远是无可争辩的事实。

侨乡恩平语言文化研究文丛（第三辑）

恩平方言

土话与洋腔（英语）的交织

● 吴绍吟 著

华南理工大学出版社

广州·

图书在版编目（CIP）数据

恩平方言：土话与洋腔（英语）的交织.第三辑/吴绍吟著.—广州：华南理工大学出版社，2019.1
（侨乡恩平语言文化研究文丛）
ISBN 978-7-5623-5195-5

Ⅰ.①恩…　Ⅱ.①吴…　Ⅲ.①粤语–方言研究–恩平　Ⅳ.①H178

中国版本图书馆CIP数据核字（2018）第267723号

恩平方言——土话与洋腔（英语）的交织
Enping Fangyan——Tuhua Yu Yangqiang（Yingyu）De Jiaozhi
吴绍吟　著

出 版 人：卢家明
出版发行：华南理工大学出版社
　　　　　（广州五山华南理工大学17号楼，邮编510640）
　　　　　http://www.scutpress.com.cn　E-mail: scutc13@scut.edu.cn
　　　　　营销部电话：020-87113487　87111048（传真）
责任编辑：袁　泽
印 刷 者：广州星河印刷有限公司
开　　本：787mm×960mm　1/16　印张：11.5　字数：200千
版　　次：2019年1月第1版　2019年1月第1次印刷
定　　价：58.00元

版权所有　盗版必究　　印装差错　负责调换

出版说明

据记载,恩平设县始建于东汉建安二十五年(公元220年),为我国著名的侨乡之一,目前有港澳台同胞12万人,海外华侨近50万人,分布全球50多个国家和地区。在这里,语言文化古老而又现代,洋腔与土话相互交织,语言文化内涵丰富、诙谐爽听。但目前尚未有对恩平语言文化研究的著作问世,鉴于此,我们策划出版"侨乡恩平语言文化研究文丛"。

丛书作者吴绍吟先生是恩平人,自小受恩平话熏陶,后在广州求学与工作,熟练掌握广州话、普通话及英语,曾留学日本,通日语,觉得语言文化博大精深。

这各种各样堪称多姿多彩的语言,吸引了作者对恩平方言研究的兴趣,于是萌发了要把历经一千八百年岁月洗礼和积淀下来的、既有意思却又面临消失的方言、土话和杂噏用文字记录下来,作为一代人的记忆留作历史、传给后世。作者为此决定当一回拓荒牛,对侨乡恩平语言文化进行探索性的系列研究,并将其分辑整理出版,也算是古为今用、洋为中用的一点尝试。

第一辑《恩平方言——与关中方言的薯嫲藤关系》,通过《关中方言趣解》(惠焕章著)一书作甄别、对比,发现分隔两地的"恩平方言"和"关中方言"存在着缘深不可分的关系,"南腔北调",同宗同源,各有来头,印证了恩平话的古老。

第二辑《恩平方言——顶尖诙谐爽听》,是在第一辑古老的基础上,通过叙述、说理或讲故事的形式,从下面六个主题去显示恩平方言的"古老加现代":1.记忆与想象;2.田园趣话多;3.童年乐翻天;4.不一样的动物世界;5.捉字虱,明哲理;6.把撒落的字粒捡起来。

第三辑《恩平方言——土话与洋腔(英语)的交织》,从更高的视野、更深的层次去揭示恩平作为侨乡其语言与英语之间鲜为人知的一面,通过方言土话与洋腔互为交织融合的诸多实例,让世人见证了汉语言文化在历史上对外双向交流中所散发出来的能量和魅力,以及汉语言文化对世界语言文化的影响。

总之,作者以他乡游子、古稀之人和工科出身的身份去敲打语言文化的大门，是出于对故土语言的热爱、对语言流失的挽救之情，希望能激起大家对恩平语言的更多研究。

　　文化乃精神食粮，亦乃人的精神支柱，在弘扬传统优秀文化、加强精神文明建设的今天，希望该丛书的出版能对恩平语言的传承与发展做出积极的贡献。

华南理工大学出版社
2018年11月

从一个小窗口看语言世界

《恩平方言》文丛的第一、二辑分别描述了恩平方言的"古老"和"古老加现代",这第三辑主要叙述"土话与洋腔的交织"。

"土话与洋腔的交织"包含两层意思:一是从大视野的角度看,它反映的是整个汉语言,包括56个民族的语言和中国各地方言的对外交流;二是从某种有代表性的方言这个"小窗口"看,它展现了汉语言的对外交流和传播。

作者选择恩平方言做文章,一是因为自身是恩平人,对故土语言比较熟悉;二是正因为熟悉,才发觉恩平地方话不仅在声母、韵母和声调方面很有特色,而且在语言表达上比起普通话和代表着粤语的广州话有着更多的乡野色彩,虽然显得土气却代表着原生态;三是所谓原生态,不但体现于它的"土",还表现在它的"洋",只要认真挖掘一下,就会发现英语、日语中的很多词语,用恩平话的发音和文字去表达、去演绎,比起用普通话和广州话解读显得更亲近、更贴切、更靠谱,这让人感到莫明的诧异。

起初生出"小窗口看大世界"的念头,作者曾怀疑这是否是自己自作聪明、胡编乱吹、黄婆卖瓜。但是当深入其中,把一个又一个生词或短语精挑出来,撩开它从未被人揭开的或土或洋、或中或西的面纱,便恍然大悟,原来中外语言的融合交汇是那么丰富多彩,语言之间的距离竟如此接近,竟有那么多相似、那么多奇妙的地方,"土""洋"之间竟然我中有你、你中有我,缠缠绵绵,融会交织,彼此有回响,引起共鸣。

作者在搜集、罗列词汇的过程中,忍不住一次又一次地用恩平话感叹一声"巧"(kiu¹)——巧妙(念作 kiu¹ miu⁶)啊!它引发英语的回响、共鸣,也应了一声 cute/kju:t/,与恩平话的巧(kiu¹)同音,意为聪明的、伶俐的,类似这样精灵巧妙的话多了,就不能单纯说是一种巧合了!

还需指出,不管这个小窗口是以"阿仁"的话(作者心目中的恩平故乡话)表达,还是以代表粤方言的广府话(广州话)抑或以"阿妈"的话(指母语普通话)表达,它们统属于中国百姓的话,统属于历史悠久的汉语言文化。方言土话对中外文化交流的一切贡献,最终应归功于汉语言文化的博大精深,展示这个小窗口,其目的就在于此。

汉语言文化的传播

众所周知,恩平所在的江门市是全国著名侨乡,旅居海外的侨胞人数众多。论人口,国内一个台山,国外也足够一个台山;国内一个恩平,海外也足够一个恩平,新会、开平、鹤山基本如此。

讲起华侨的历史,源远流长。史料记载,早在商、周时代,已有移民国外这回事,史上流传的箕子义不臣周(不愿在周朝称臣),遂率领封国民众迁居朝鲜半岛建立了"箕子朝鲜";秦朝秦始皇遣徐福率三千童男童女"入海求仙",漂洋过海到了东瀛日本,所说的都是公元前一千年至公元前两百年间的故事。至汉代,先后有张骞、班超出使西域,最先开辟了古代的丝绸之路;另外,随着南洋、印度航路开辟,商贸往来频繁,使得部分商人长居国外。隋唐时期,有唐三藏赴西域取经、有鉴真和尚东渡扶桑,有日本遣隋使、遣唐使到长安进贡学习。唐、宋年代,航海技术进一步发展,移居海外的商贾和逃避战乱的人日益增多,成为早期移民的主体。元朝兴盛时,疆域宽广,出现过几次移民高潮。至明朝,明成祖朱棣命三宝太监郑和率200多艘海船、2.7万之众数度远航西太平洋和印度洋,南洋各地华侨遂迅速增加。从明代中叶至鸦片战争的300年间,移民增加的势头一直未停。

到鸦片战争至20世纪初,美、加、澳等西方国家因为工业发展而加大了对劳动力的需求,东南亚国家也处于开发时期,他们把目光投向了人口众多、劳动力相对富足的中国,把我国当成廉价劳动力的市场,直接或间接地变相通过"契约劳工方式",用诱骗、胁迫、虏掠的手段,把华工弄到美洲、澳洲、非洲和东南亚等地当苦役(当时社会上称之为"卖猪仔")。华工在美、加、澳筑铁路、挖矿山、搞建筑,在东南亚垦荒种植,为侨居国的工业、商业、农副业的经济发展和社会繁荣作出了可记入史册、永不磨灭的贡献。

由此说来,在不同的年代,不同的历史发展时期,以及不同的国度留下华人的足迹并不奇怪。华侨以雇工、农民、渔民、水手,或是以手工业者、小店主、商人的身份在异国他乡谋生,不仅带去了赖以为生的傍身手段,包括传统的生产工艺、技术和经验等,自然还带去了祖国故土的语言文化和风土习俗。早期那么多中国人成了华侨,华侨在外国人的眼中不就是洋人,华侨说的汉语或地方话不就是他们眼中的洋腔洋调了吗?这和老外到了中国,我们把他们当作洋人，把他们的话当作洋腔又有什么区别呢？

早期的华侨，人数少，居住分散，加上地位低微，不但不入流，甚至是被嘲笑、被歧视的一族。慢慢地，人多了，相互联络，聚拢，便有了比较集中的居住区，在不同的地域产生了会所（同乡会）、侨社、侨会、商会、青年会等社团组织，直至建成了唐人街、华侨城（中国城），创办了报社，发行了侨报侨刊，开办了中文学校，第二代、第三代华侨后裔亦融入社会，进入当地政府部门工作，与外国人联姻结亲等等，语言交流和文化交往便增多起来。

入乡随俗，华侨的工作、学习和生活都必须与外语打交道，迫使他们要学习英文、西文、葡文或日文等他国语言。当然，在交流中外国人也免不了会从华人那里感受到汉语言和中国文化习俗的丰富多彩。起初，双方可能只是"鸡同鸭讲"，互不相通，接触多了，相处久了，不同语言的碰撞就会擦出火花，相互间便有了融会贯通，互相影响、互相渗透的结果，形成了一种鲜明的"边缘文化"。这种"边缘文化"既可以说是西方式的，也可以说是中式的，中式与西式的交织，成就了土话与洋腔的结合。

当年，在美、加、澳等英语国家，外国人听到的中国话，笼统一点说就是相对比较流行、比较强势、代表着粤方言的"台山话"，它把五邑话、广州话、普通话和其他话都包揽进去了；而东南亚一带，则以福建闽南话、广东潮汕话为主，同样，它也把广州话、普通话和其他话包揽进去了。

老一代华侨重视叶落归根，年纪一大，多数选择返"唐山"安度晚年终老（旧时出外洋的人习惯把"唐山"（俗指大唐江山）视为故乡，即祖国）。他们把中西合璧的"边缘文化"带回故土，所以在如今的江门五邑，土话方言里夹带着诸多的外语元素就不值得大惊小怪，随时随地听到有人冒出一句半句不咸不淡的洋腔，英文的、日文的都很正常。而所谓的洋腔，既可能是货真价实的外来语，也说不准它本来就是汉语，要么由华侨带出国再来个"出口转内销"，要么是外国人到中国来，学到了、吸收了，变了点口音再传回来，所以在口语表达上，明显带有"土洋"结合的味道，俗话说口音有点"半唐番"，就是指一半带中国话口音，一半带洋人口音。

本辑将以英文为对象，以恩平话为主要参照，辅以普通话和广州话，看看那些或中或西、或土或洋、或中西合璧的词汇，是如何体现土话与洋腔的交织的？恩平方言作为汉语言汪洋大海中的一滴水，真能从某一视角为反映出这种交织关系而激起一点浪花吗？

导读说明

"从一个小窗口看大世界",目的是通过"古老加现代"的恩平方言这个小窗口,去验证一下本土方言与号称语言使用人口高居世界第三位的英语之间,是否真正存在着某种密切的、甚至亲缘的关系,是否体现出不同国家、不同地区之间的语言,从发音、词性到词义都存在着互相影响、互相渗透、融会贯通、拥有共性的一面,从中寻找"土话与洋腔交织"的证据和答案。

因为文章内容紧密涉及英文,为了让读者诸君,包括熟习外语的、略懂外语的,甚至是完全不懂外语的都能凭借中文描述去阅读、浏览、"连猜带蒙"地理解"土洋交织"的意思,为了能让读者带着兴趣去体会土洋交织中的他中有我、我中有他、中为洋用、洋为中用的奇妙和精彩,特为导读本书作下面几点说明:

(1) 尽可能精准地挖掘和尽可能多地列举与交织有关的词条作铺垫。

(2) 引用的英文词条按照最新的英文标准方式标注:

① 英文:单词/标准注音/词条性质/词义解释;

② 词条性质: *n.* 名词 *v.* 动词 *vt.* 及物动词 *vi.* 不及物动词 *adj.* 形容词 *adv.* 副词 *int.* 感叹词 *abbr.* 缩写词 *art.* 冠词;

③ 译文对应的恩平话、广州话、普通话都相应标出注音。

(3) 引用的英语词汇,其词义可能有多种解释,本文只挑出所需部分,以突出主题。

(4) 所选外文词汇的翻译,以恩平方言作主角,其中出现有普通话、广州话或其他话的情况,文中会有说明。

(5) 译文解释:一是力求简明扼要;二是为了加强说服力,也会延伸扩展或给出例子。

(6) 在阅读中领略语言交织乐趣的同时,读者可能对文章中所谓的"纯外来语",所谓的"半唐番"(指边缘化)和所谓的"出口转内销"的提法有不同的见解,作者真心希望多些争鸣,多些求证。

(7) 本著述收集了600多个词条,比《广州话词典》和《广州音字典》所说的"广州话里头有常用英语借词200个"高出2倍多。这说明,恩平方言因所处的历史背景和所处的地理环境有一定的特殊性，它与英语的融合、对接以及亲近程度远远超过广州话和普通话，这值得语言学家的重视和研究。

（8）诚然，"小窗口"所发现和想说明的问题，并非为了夸大恩平方言的独特和有趣，实际上，作为汉语言大家庭的一分子、作为语言浩瀚大海中的一滴水，它只不过像小小的萤火虫一样，在印证汉语言的博大精深、在印证汉语言的源远流长、在印证汉语言的对外传播历史足以比肩世界上任何国家这些节点上闪了一下光。

（9）最后一点要指明的是，拿"小窗口"说事，旨在探讨"土话与洋腔的交织"关系，绝非是在指点学英文的方法，望读者切勿将两者混淆。

词典参考

英语

1. 袖珍英汉辞典. 郑易里，绍韩，岳于水合编. 商务印书馆，1971年10月.

2. 新英汉词典（普及本）. 新英汉词典编写组. 三联书店香港分店出版，1978年8月第3次印刷.

3. 英汉小词典（修订本）. 陈羽纶，党凤德，任永长，张祖德合编. 商务印书馆，1990年5月第2版第20次印刷.

4. 学生实用英汉汉英词典. 席玉虎主编. 外文出版社，2013年第1版第6次印刷.

5. 零起点应急说英语. 向东秀编著. 中国宇航出版社，2016年6月第1版第5次印刷.

中文

1. 恩平音字典. 唐立契（诗蒜）编著. 高等教育出版社，2003年1月第1版.

2. 现代汉语词典. 中国科学院语言研究所词典编辑室编. 商务印书馆，2005年6月第5版.

3. 新华字典. 商务印书馆，2004年1月第10版.

4. 广州话词典. 饶秉才，欧阳觉亚，周无忌编著. 广东人民出版社，1997年10月第1版.

5. 广州话正音字典（修订本、广州话普通话读音对照）. 詹伯慧主编. 广东人民出版社，2014年9月第2版第7次印刷.

目　录

出版说明 ⋯⋯⋯⋯⋯⋯⋯⋯⋯⋯⋯⋯⋯⋯⋯⋯⋯⋯⋯⋯⋯⋯ I
从一个小窗口看语言世界 ⋯⋯⋯⋯⋯⋯⋯⋯⋯⋯⋯⋯⋯⋯ III
汉语言文化的传播 ⋯⋯⋯⋯⋯⋯⋯⋯⋯⋯⋯⋯⋯⋯⋯⋯⋯ IV
导读说明 ⋯⋯⋯⋯⋯⋯⋯⋯⋯⋯⋯⋯⋯⋯⋯⋯⋯⋯⋯⋯⋯ VI
词典参考 ⋯⋯⋯⋯⋯⋯⋯⋯⋯⋯⋯⋯⋯⋯⋯⋯⋯⋯⋯⋯⋯ VIII

一、英语的洋为中用与汉语的中为洋用 ⋯⋯⋯⋯⋯⋯⋯⋯ 1
 1. 英语的广泛传播 ⋯⋯⋯⋯⋯⋯⋯⋯⋯⋯⋯⋯⋯⋯⋯ 1
 2. 日常英文在五邑地区的传播 ⋯⋯⋯⋯⋯⋯⋯⋯⋯⋯ 2
 3. 洋为中用的典例 ⋯⋯⋯⋯⋯⋯⋯⋯⋯⋯⋯⋯⋯⋯⋯ 2
 4. 中为洋用的典例 ⋯⋯⋯⋯⋯⋯⋯⋯⋯⋯⋯⋯⋯⋯⋯ 3

二、恩平方言土话与英语的交织 ⋯⋯⋯⋯⋯⋯⋯⋯⋯⋯⋯ 6
 从ABC说起 ⋯⋯⋯⋯⋯⋯⋯⋯ 6　　I ⋯⋯⋯⋯⋯⋯⋯ 57
  A ⋯⋯⋯⋯⋯⋯⋯⋯⋯⋯ 6　　J ⋯⋯⋯⋯⋯⋯⋯ 59
  B ⋯⋯⋯⋯⋯⋯⋯⋯⋯⋯ 7　　K ⋯⋯⋯⋯⋯⋯⋯ 62
  C ⋯⋯⋯⋯⋯⋯⋯⋯⋯ 18　　HIJK小结 ⋯⋯⋯⋯ 66
  ABC小结 ⋯⋯⋯⋯⋯⋯ 33　　LMNOPQ ⋯⋯⋯⋯ 67
 DEFG ⋯⋯⋯⋯⋯⋯⋯⋯⋯ 34　　L ⋯⋯⋯⋯⋯⋯⋯ 67
  D ⋯⋯⋯⋯⋯⋯⋯⋯⋯ 34　　M ⋯⋯⋯⋯⋯⋯⋯ 74
  E ⋯⋯⋯⋯⋯⋯⋯⋯⋯ 38　　N ⋯⋯⋯⋯⋯⋯⋯ 84
  F ⋯⋯⋯⋯⋯⋯⋯⋯⋯ 39　　O ⋯⋯⋯⋯⋯⋯⋯ 87
  G ⋯⋯⋯⋯⋯⋯⋯⋯⋯ 45　　P ⋯⋯⋯⋯⋯⋯⋯ 90
  DEFG小结 ⋯⋯⋯⋯⋯ 49　　Q ⋯⋯⋯⋯⋯⋯⋯ 99
 HIJK ⋯⋯⋯⋯⋯⋯⋯⋯⋯ 50　　LMNOPQ小结 ⋯⋯ 100
  H ⋯⋯⋯⋯⋯⋯⋯⋯⋯ 50　　RST ⋯⋯⋯⋯⋯⋯ 103

R	103	V	133
S	110	W	135
T	122	X	140
RST小结	127	Y	140
UVWXYZ	131	Z	142
U	131	UVWXYZ小结	143

三、广州话里常见的英文外来词补充············146

四、恩平方言与普通话讲英语的例句对比············158

五、结尾语············169

一、英语的洋为中用与汉语的中为洋用

1. 英语的广泛传播

英语，是联合国公认的六种官方工作语言之一，据百度搜索2017年统计，世界上以英语为官方语言的国家有英、美、澳、加、爱尔兰、新西兰、巴哈马等大大小小45个，把英语作为国家第一语言（母语，本族语）的人口约5亿，作为第二语言使用（虽不是母语，但在所在国通用）的人数约10亿，换句话说，以英语作为母语的使用人数仅次于位居母语使用人数头名的汉语和位居第二的西班牙语，名列世界第三。

英语有着悠久的历史，语言学界把它的发展分为三个历史时期：古英语时期为449—1100年，中古英语时期为1100—1500年，现代英语时期为1500年至今。它的产生与演变经历了复杂的历史过程，又通过英国的殖民活动传播到了世界各地。

语言学家确认了英语受到德语、法语、拉丁语、古丹麦语、古挪威语、荷兰语和希腊语的影响，但是好像还没有谁留意到它与汉语言之间的相互渗透和互为吸纳，作者在"汉语言文化的传播"的章节中，为这个问题留下了伏笔。

英语在世界范围的传播，理所当然包括了对疆土辽阔的中国的传播，带有历史性、连续性和广泛性。历朝历代，使节的往来、商贾的往来、文人学士和宗教团体的往来，让中外语言的交往覆盖了沿海，渗透至内地。论古都，有长安（西安）、洛阳、北京、开封、南京等城市；论港口，有天津、唐山、青岛、旅顺、上海、厦门、广州、香港、澳门等商埠，它们分别打通了陆上和海上的丝绸之路，为贸易的繁荣、为文化的交往搭起了桥梁，点亮了导航的明灯。

无可否认，英语给世界语言带来了深远影响和作出了巨大贡献。但是，从历史的角度和客观公正的角度讲，我们老祖宗五千年的文明比英语一千五百年的历史要早得多，在笔者心目中，世界上出国最早、出国人数最多的"洋人"应该是咱们中国人,世界上最早的"洋腔""外语",应该是来自中国的汉语。这么说,既不是黄婆卖瓜,也说不上是口出狂言,我们完全可以通过诸多英文词汇去发现英语骨子里深藏的汉语言元素,听听它的音,嚼嚼它的义,或许就会明白,汉语渗透给了它什么、它向汉语学到了什么。

2. 日常英文在五邑地区的传播

在江门市,英语与土话的交织在所属各区、各市的表现基本是一样的,英文传播到五邑侨乡有诸多途径,而最主要、亦是最具共同性的起码有以下三点:

(1)华侨人数众多,每年从年头至年尾,从外埠回乡过年过节、探亲旅游、结婚、行山(清明节扫墓)的,加上落叶归根回乡安度晚年的,青少年被家长送回家抚养、求学的,俨然一支不可小觑的海外军团,不可避免地带来语言的交汇。

(2)江门市所处地理位置特殊,临近港澳、临近省城(广州),出入都市方便,来往频繁,既可以直接接受港式、澳式语言文化的影响,又可以通过省城从广州话那里领略港澳语言英式表达的风格和乐趣。

(3)侨乡人向来重文化、重知书识礼,对新生事物触角灵敏、容易接受,加上他们通过家庭或亲戚的关系都有可能获得出国的机会,因此对外文很重视,自然会对学习外语产生兴趣。在侨乡,懂得外文并非是赶时髦、摆花架子,而是实实在在符合切身利益的事。

就因为这样,来自外国的、港澳的、广州的宾客把洋文带来了,不管是正宗的还是夹带着尾巴的(指发音不一定很纯正),大家都愿意听、愿意讲、愿意学,来者不拒。一个英文单词,一句简单的句子,一传十,十传百,在村里,在学校,就这样传开,把它融入了日常生活中。

3. 洋为中用的典例

英文作为外来语传播到了侨乡,乡民一来觉得摩登、时髦、现代,二来觉得方便实用,便信手拿来,把它穿插于口语、融入日常生活,让语言表达起来更加生动和丰富多彩。

例如，早在20世纪四五十年代，乡里不论大人细路（指成年人和小孩）在篮球场上就不分大细（不分大小）地飙起了英文：

比赛	叫锦标，锦标赛	compete [kəm'pi:t] *vt.* 比赛、竞争
打球	叫打波	ball [bɔ:l] *n.* 球、球状物
挑球	叫斩波	jump [dʒʌmp] *vi.* & *vt.* 跳跃、跃起（争抢）
传球	叫扒士	pass [pɑ:s] *vi.* & *vt.* 传递、通过、传球
盯人、防守	叫唛，唛人	mark [mɑ:k] *n.* 目标、靶子
投篮	叫恤波	shoot [ʃu:t] *vt.* & *vi.* 发射、射出、（篮球）投篮、（足球）射门
界外、界外球	叫噢晒	outside ['aʊt'saɪd] *adv.* (体育运动) 出界、出边线、界外

另有一些日常生活中频繁用到的英文：

去邮局买邮票	叫买仕胆	stamp [stæmp] *n.* 邮票、印花
老人家用的手杖	叫仕的棍	stick [stɪk] *n.* 手杖、棍、棒
衬衣、球衣	叫恤衫、波恤	shirt [ʃɜ:t] *n.* 衬衫、衬衣
蒸松糕用的发粉	叫泡打粉	powder ['paʊdə] *n.* 粉、粉末、发粉
		soda ['səʊdə] *n.* 苏打、碳酸钠
	叫苏打粉	baking soda [beɪkɪŋ səʊdə] *n.* 小苏打、碳酸氢钠
嬉戏、耍闹、开玩笑	叫反（玩）	fun [fʌn] *n.* 娱乐、玩笑、嬉戏
老人	叫老炆、老炆公	old man [əʊld mæn] *n.* 老人（男性）
		old men [əʊld men] *n.* 老人（男性复数）

……

诸如此类的典例，如果只有十个八个，那也说明不了多大问题，如果你看完本著作中的六百多个词汇，可能感觉会有不同。

4. 中为洋用的典例

汉语言跟随着华人漂洋过海，作为外来语被洋人吸收，转化为他们的日常用语，上了他们的词典，这类汉化的词汇实际上就是英文中的外来借词，再传回来给我们，便有了"出口转内销"的味道。

这么说，不妨先看几个疑似例子：

例1　恩平话把长得俊秀漂亮、靓丽媛淑的女孩子称作好妮或好妮女，妮字的发音为 nai⁴⁻²。英文有个单词nice /naɪs/（音译奶氏 nai¹ si⁶⁻⁵），意为好的、令人愉快的、友善的。奶氏就是好妮女，奶与妮，音近、意近。

例2　恩平话讲东西的数量少，用捏椭（nib¹ dua⁶）表示，英文有两个类似的单词，一为needle /'ni:dl/（音译捏杜橹 nib¹ du⁶ lu⁶），解作针、针状物。你想，针头针眼那般大，即是很小，也意味着少。另一个叫 little /'lɪtl/（音译洌槽橹 lid¹ cou⁴ lu⁶），解作小的、琐碎的、少量、些许。捏杜橹、洌槽橹与捏椭，其音其义不也近似吗？

例3　恩平话讲有得吃、有得拿、有得捞，简称为忽（fud¹）或有得忽（yiu³ dag¹ fud¹）。英文有个单词food /fu:d/（音译忽），解作食物、食品、养料。这一来，有忽不就等于有粮食、不用揸肚饿了吗？有得忽不就是有得食、有得拿了吗？然后引申到忽到饱，就有了吃了个够，捞了个够，捞到盘满砵满的意思。忽（fud¹）就是food /fu:d/，food /fu:d/成为忽（fud⁶），同音同义。

例4　恩平话讲拿条棍仔（一根小竹杆）把一条横在路上的死蛇或死黄蚬（死蚯蚓）挑开去，习惯用土话讲伐开去（伐念fad⁶），以伐取代挑，取代撩。英文有个单词fuck /fʌk/，发音就是恩平话的伐（fad⁶），解作滚开、混帐，包含粗话"他妈的"这一意思。恩平话讲把炭火拨弄来拨弄去叫伐来伐去（fad⁶ loi⁴ fad⁶ hui³），还有一句生气时爆粗的话，叫"伐佢过茫洲"（fad⁶ kui³⁻² gua³ mong⁴ ziu³），意为恨不得把他甩得远远的。这个英文的fuck /fʌk/同恩平话的伐（fad⁶）同音同义。

例5　咱们先祖在古时用铜钱、铜仙作钱币，恩平话简称为仙（念选音 sin³⁻²），"一个钱都没有"说成"一个仙都冇（没有）"，"借点钱用用"说成"借几个仙洗下（使用）；穷困潦倒，口袋一个镚都没有说成"可个仙洗下都冇"，等等。英文就出了个单词shilling /'ʃɪlɪŋ/，普通话译作先令（xiān lìng），恩平话叫仙令，简称仙（sin³⁻²），英文意思指原英国的货币单位，为1磅的1/20。英文还出了个单词cent /sent/，意为货币单位分，广州话译为仙（xin¹），如果cent加s变为复数cents /sents/，广州话将它译为仙屎（xin¹ xi²），恩平话则分别译作仙（sin³⁻²）或仙市（sin³⁻² si⁶⁻⁵），指的是钱币、铜元（圆）、铜板儿。这么说来，汉字一个仙，变成英文两个仙——shilling（仙令）和cents（仙市）。

例6 再讲一个哺字吧。问：鸡乸（母鸡）在窝里干啥？恩平话有几种回答，哺蛋噜、哺窦噜、哺鸡仔噜等等，如果把每句话中间的"蛋""窦""鸡仔"省略掉，剩下一头一尾便是"哺……噜"两个字，恩平话念bu⁶……lu¹，英文竟也出了这么个单词——brood /bruːd/，译作恩平话就是哺噜（bu⁶ lu¹），意为孵卵，就是恩平话说的哺蛋那回事。

由以上数例看出，奶氏nice→妮、捏杜撸needle和洌槽撸little→捏榾、忽food→忽、伐fuck→伐、先令shilling→仙令、仙cent→仙、仙屎cents→仙氏，brood→哺噜……与此相类似的单词你在后面还会看到很多很多。它们都有两个突出的特点，一是它的发音和词义用恩平土话来表达比用普通话和广州话表达更贴切；二是体现了土话和洋腔的交织，既可以说它是外来词，也可以反过来说它是汉语借词，它的根是扎在那些原生态的汉语方言土话里面的。

这样说可能让人觉得有点玄。不要紧，后面我们将循着英汉词典从开头ABC到最后XYZ的顺序，去搜罗一下恩平方言里究竟有多少类似的交织例子，从一个"小窗口"去领略一回中、英文融会贯通，互相渗透交织的事实。只有找到更多例证，才会让人从云里雾里明白过来。语言是打破疆界的，融会交织不是偶然的，说明它是随着时代的变迁，随着政治、经济、外交、商务、文化、宗教、体育、科学等诸多方面的交流累积下来的，它的传播路径应该是：本国、本地→对外交流、相互影响→走向国际。相应的英文表达是：native /'neɪtɪv/ →inter /ɪn'tə/→international /ˌɪntə'næʃnəl/。

二、恩平方言土话与英语的交织

英语的单词，数以万计，但是字母仅有26个。下面就顺着这26个字母的顺序，从ABC到XYZ进行搜索、剖析，以实例验证一下土话与洋腔之间是否存在着从发音到词义所显示出的相近或相同的缠绵关系。

从ABC说起

A

1. ❶a /eɪ/ *art.* 一（个）、某一（个）

普通话和广州话都找不到合适的同音字，恩平话则有呕（ei¹）对号入座。例如呕血（ei¹ hid³）、作呕（zog¹ ei¹）可念成A血、作A，显示了发音的特色。

❷a /ə/ *art.* 一（个）、某一（个）

普通话有阿、啊（同念 ā）与此同音，广州话和恩平话除了阿、啊（同念 a³）还多了个亚（a³），故恩平话"讲乜啊"可念成"讲乜 a"，"阿甲阿乙"可念成"a 甲 a 乙"，"亚洲"可念成"a 洲"，也是一种读音特色。

2. abhor /əb'hɔ:/ *vt.* 痛恨、憎恶

恩平话念作哦嗬（o⁴ huɑ³⁻²），表示在惊愕、失落或痛苦时发出的感叹声，包括对痛恨、憎恶的人遇到倒霉事时喝倒彩，就直呼"哦嗬"！

3. about /ə'baut/ *adv.* 大约、几乎、左右

恩平话叫阿宝（a³ bou¹），意指做事草率、马虎、冇头冇尾（虎头蛇尾）、没有准则，约摸、大概了事，其意与英文一致，即大约、左右、几乎。

【例】那人做事好阿宝㗎，信唔过。（意指做事草率马虎，靠不住）

4. ace /eɪs/ *n.* 扑克牌的A

恩平话把扑克牌的A叫作呕（ei¹）或呕氏（ei¹ si⁶⁻⁵），又或叫一氏（yid¹ si⁶⁻⁵）

或衍氏（yin¹ si⁶⁻⁵），这是源于A在同色的13张纸牌中排第一，其中衍（yin¹）音由一（yi¹）演变而来。

5. alpha /ˈælfə/ *n.* 希腊字母的第一个字母**A**（大写体）或小写体*α*

普通话译作阿尔法（ā ěr fǎ），恩平话念哑露花（a¹ lu⁶ fa⁶），与英文发音更接近。人们利用高科技制造了一款会下围棋的机器人，命名为哑露花稿（AlphaGo），普通话念成阿尔法狗，把人类挑战围棋智能机器人的战斗称为"人狗大战"。

6. arm /ɑːm/ *n.* 臂、手臂

恩平话念掩（am¹），例如，用手臂捂住胸膛叫掩住心口（am¹ zi⁶ sem³ hei¹），用手臂抱着孩子叫掩住个仔（am¹ zi⁶ gua³ zai¹），用手臂护着裤腰带叫掩紧个裤头（am¹ gen¹ gua³ fu⁶ hei⁶）。

7. aspect /ˈæspekt/ *n.* 面貌、样子

special /ˈspeʃəl/ *adj.* 特别的、特征

恩平话揶揄一个人模样怪、样子傻、脾气很特别，用了死廊（si¹ long¹）、死唛（si¹ mag¹）和死匹（si¹ ped¹）等几个词，而英文的aspect（阿氏匹）和special（氏匹莎）发出的氏匹音和恩平话死匹接近，表达的都是面貌、样子和特征。

【例】但逢睇见佢吤死匹就觉得乞人憎。（每次见到他的衰样都感到烦）

B

8. baby /ˈbeɪbɪ/ *n.* 婴儿、小孩

比比（bi⁴ bi¹），本土话把婴儿、小孩叫细路哥、细炆仔，时髦一点叫比比，音、义近同。

9. bad /bæd/ *adj.* 不合格的（劣质的、坏的）、不道德的

译作不（bed¹），发音就是不合格不道德的不。英文bad boy /bæd bɔɪ/（译作"不辈"）就是指坏孩子。

10. bake /beɪk/ *vt. & vi.* 烤、烘焙

译作焙（念佩boi⁶）。例如，把湿衣服烘干叫焙干，把烤番薯叫作焙番薯，

烤烧饼叫焙烧饼，其音和义与英文一致。

11. ball /bɔːl/ *n.* 球、球状物

普通话译作波（bō），粤语读波（bo¹），恩平话读波（buɑ³⁻²）。

①普通话波字解作波浪、波纹、振动波、机械波、风波等等，却与球无关。

②粤语和恩平话却与球扯上关系，如篮球、足球、排球可以当波看待，打篮球、打足球、打排球简称打波，打乒乓球叫打乒乓波，但是桌球、棒球、羽毛球、保龄球、高尔夫球、网球的球都不能说成波。

在中文里，"球"（qiú）字不但应用面广，而且有着悠久的历史。

它的前身叫蹴鞠——一种运动器具，通过充塞羽毛做成的实心皮球，很轻。蹴指用脚踢，鞠指被踢之物。它起源于战国时期，当时作为训练士兵体能的一种运动。到汉代变得很流行，据传连汉武帝和汉成帝都喜欢。

到了唐代，毬（一种中空充气的皮球）的出现让"打毬"代替了"蹴鞠"。打，指用杖击打，代替了用脚踢的蹴；充气的毬代替了鞠。

如此追根寻底，只是为了说明我国的球（毬和鞠）比洋人的波（ball）更古老。

12. band /bænd/ *n.* 带子、带状物、箍　*vt.* 用带绑扎

译作斑（ban³）或绑（bong¹）。

bandage /ˈbændɪdʒ/ *vt.* 用绷带绑扎

译作斑住（ban³ zi⁶）或绑住（bong¹ zi⁶）。

恩平话用绷带去绑扎叫绑住、绑紧；用线绳或带子捆绑、捆扎东西亦叫绑或扎，扎牢扎结实叫斑紧，斑音同英文一致。

13. band /bænd/ *n.* 乐队、乐团

译作品（念禀ben¹），广州话念ben²，但普通话的品念pǐn，不同音。品字有多种意义，其中一种解析指吹弄乐器，如"品箫弄笛"指吹奏洞箫和笛子，"品竹弹丝"指吹拉弹唱。在娱乐圈，乐队组合叫夹品（gab³ ben¹），故品与乐队（ngog⁶ dui⁶⁻⁵）、乐团（ngog⁶ hon⁴）、奏乐（zei³ ngog⁶）相关。

14. bang /bæŋ/ *n.* 砰一声、猛击、猛撞　*vt. & vi.* 猛击、猛敲、砰地关上

译为崩或嘣（念bang⁶或bang³）。

普通话讲一声枪响叫砰（pēng）的一声，把死囚处决叫崩（bèng）了，这

砰、崩两字都与此词有关。

恩平话的表达与此类似，但是崩、嘣的发音更接近英文。

【例】①他很生气，崩（bang⁶）一声把门关上走了。

②附近工地打桩施工，老远都听得见崩嘣（bang⁶ bang³）声。

③封建时代帝王死了叫驾崩（ga³ bang³）。（皇上驾鹤西去，意味着行驶威权的大门砰地关上）

15. bank /bæŋk/ *n.* 银行　*vt. & vi.* 把钱存入银行

译为镚（bang¹）。

镚原指清末发行的无孔的小钱币，如今泛指小的硬币，叫金镚子、钢镚儿。在一般人的心目中，开银行便是有钱人，等于有镚；穷到一分钱都没有，叫作一个镚都冇；向人借点钱用，叫作借几个镚洗下（指解困）。言下之意，有bank（镚）等于开银行。

16. bar /bɑ:(r)/ *n.* 棒、条、门闩、酒吧

译为把（ba¹）或吧（ba³）。

解作棒、条时，一条锁匙即一把钥匙，一把遮即一把雨伞；解作吧时，意思有酒吧、咖啡吧、网吧、氧吧等等，音、义与英文同。

17. barber /ˈbɑ:bə/ *n.* 理发师

译音把吧（ba¹ ba⁶），近似爸爸（ba¹ ba⁶）。

这个词一是易记且带点乐趣，二是要提醒发音和词义需要注意的地方。因为把吧的读音与爸爸有点相近（普通话bà ba，粤语和恩平话ba⁴ ba¹），所以，要区别好，英文的把吧只是个理发师。

18. bark /bɑ:k/ *n.* 炮声、吠声　*vt.* 大声喊叫

译作啪，念伯（bag¹）而不念柏（pag¹）。

烧炮仗（指放鞭炮、燃放炮竹）发出的声音，普通话念啪啪（pā pā）声，恩平话念啪啪（bag¹ bag¹）声，与洋腔更一致。

19. bean /bi:n/ *n.* 菜豆属，豆（**broad beans** /brɔ:d bi:nz/ *n.* 蚕豆）

译音扁（bin¹），记作扁豆。

恩平话习惯把蚕豆叫作扁豆（bin¹ dei⁶⁻⁵），扁（bin¹）音比普通话扁豆（biǎn dòu）的扁（biǎn）音更接近洋腔。

20. bear /beə(r)/ *vt. & vi.* 佩戴、支持、承担起

译作孭（bie⁶）。

英文的bear是个动词，而恩平话的孭有两种读音和用法：一是作名词，指用来背孩子的背带、背布；一是作动词，指背起、背着、承载。发音有两种：一为bie⁶，作名词和动词；一为mia¹，作动词，若组词为孭带（mia¹ dai⁶⁻⁵）则为名词。

孭（bie⁶）是一种很古老的儿童用品，如今五六十岁以上的人，估计还记得细个（孩童）时被阿妈阿仁或哥哥姐姐用孭带（mia¹ dai⁶⁻⁵）孭过的情景，只是时过境迁，尤其是改革开放后，婴儿轮椅、婴儿手推车的出现，孭慢慢被取代了。但是，传统并没有完全消失，在城乡仍不时可见。

所谓孭（bie⁶）或孭带（mia¹ dai⁶⁻⁵），是用一块一市尺二三见方的布料做兜，四个角缝上一条长八九十公分的扎带做成的。使用时，先把孩子正面搁到背上，然后用孭（即孭带，下同）的布兜套住孩子，再拉扯扎带让上方的两条分别从左、右两肩搭至胸前，下方的两条分别从后背的左、右两边拉至胸前，最后将上、下两对扎带交叉打个活结，就把孩子牢牢地背起来了。这样可以让大人把双手解放出来，可以背着孩子做家务，去田摘菜，去趁墟，走亲戚。孩子也可以在舒适暖和的孭兜里享受母爱，享受亲情，甚至美美地睡上一觉。

孭的选材和制作蛮讲究，按用途，它分春夏和秋冬两款，前者用有空隙的网兜布做成，适合春暖和夏令季节，后者用孔洞密且较为厚实的布料，以适应秋冷和冬寒天气。布兜可以绣上花草鱼鸟等喜庆欢乐的图案，或绣上平安、健康、幸福、吉祥等如意字样，寓意儿童健康快乐成长。

这么说来，我们的老祖宗发明的这条孭，历史悠久，功能齐全，身兼名词动词两职，很有可能是中国人孭（bia⁶或mia¹）出国，洋人学了才啤（bia¹）回来的。

《现代汉语词典》里没找到这个孭字，粤语有此字，但只读一个咩（mia¹）音，唯恩平话又咩（mia¹）又孭（bie⁶）。

【例】①开学了，小朋友孭（mia¹）住个新书包返学好神气。(背之意)

②有的小朋友孭（mia¹）的书包重担担，连大人都觉得辛苦。（承载、负荷）

③孩子小，出门记得带埋张孭（名词bie⁶），路上可以孭（动词bie⁶）起他。

④牧童让黄牛猠（动词 bie⁶）着两捆稻草回家。（背、负）

21. beat /biːt/ *vt. & vi.* 连续打击；（太阳、风、雨）射、打、吹；击败、比赢

译作必（念 bid¹）。

【例】①牛和马被惹生气了会必人一脚。（踢、打）

②一场突然而来的大风雨把阳台晾晒的衣服必湿细。（吹、射）

③打水漂有人称为打水必，因为瓦片在水面会连续必好几下。（漂起连续击水好多次）

22. bee /biː/ *n.* 蜜蜂

译作吡（bi¹）。

普通话形容蜜蜂飞行的声音是嗡嗡（wēng weng）声，恩平话讲是吡吡（bi¹ bi¹）声，吡（bi¹）音代表了蜜蜂 bee /biː/。

23. beer /bɪə(r)/ *n.* 啤酒

译作啤（biɑ¹）。

恩平话啤酒的啤（biɑ¹）同洋腔的发音几近一致，粤语的啤（bê¹）也接近，而普通话就成为 pí，声母韵母都偏离了。

同是啤酒两字，北京话讲 pí jiǔ，省港澳讲 be¹ zeo²，恩平话讲 biɑ¹ zei¹，读音各有特色。以广州话、恩平话的发音与洋腔接近。

【例】听医生朋友讲，痛风病人不宜多饮啤酒（biɑ¹ zei¹）。

24. beg /beg/ *vt. & vi.* 乞讨、乞求、请求、恳求

译作不（毕 bed¹）。

词义是乞讨、乞求的乞（恩平话念 hed¹），而洋腔念成不（beg），两者的声母有异，韵母接近，洋腔的声母为 b，土话为 h。

25. bind /baɪnd/ *vt.* 捆绑、捆扎

译作扳（斑 bɑn¹）。

这个单词同前面说的 band /bænd/ 和 bandage /'bændɪdʒ/ 的意思接近，把东西捆绑、捆扎起来，亦可讲成用绳子扳紧或斑紧。

26. bird /bɜːd/ *n.* 鸟

译作泼（bod¹），过渡到笔（bed¹）。

泼（bod¹）、笔（bed¹）和译文bird都有相同的声母b，韵母由/ɜːd/过渡为（od¹）、（ed¹），bird便成为了泼（bod¹）和笔（bed¹），恩平话把麻雀、禾花雀称为禾笔，意为生活在禾田里（稻田）的鸟，禾+鸟=中文的禾+英文的鸟=禾（wua⁴）+鸟（bird），把英文的鸟过渡为笔，便成了禾+笔=禾笔。

普通话、广州话把小鸟麻雀分别念为má què和ma⁴ zêg³，唯独恩平方言把麻雀叫作禾笔（wua⁴ bed¹），使之带有了鸟儿bird的声音，这无形中给易中天先生著的《大话方言》把南方方言视为"鸟语"多了一个注脚。

27. blank /blæŋk/ *adj.* 空虚的、茫然的、无表情的

普通话译为布兰克（bù lán kè），英格兰人的姓氏，含义是"白的"，故词义解作空虚的、空白的、茫然的、无表情的，等等。

恩平话按照该单词的发音结合词义，译为把怜（ba¹ len⁴），是无聊、空虚、无所谓、白费气、白费力、虚茫的意思。

【例】①咪佢把怜么。（意为：别搭理他，理会他只会白费劲，浪费表情）

②空话连篇，讲那么多把怜么！（指空虚，不着边际，白费时间）

因为把怜（ba¹ len⁴）的发音与把卵（ba¹ len¹）接近，故有人将"把卵"当作粗口话，实际上它只是像英文blank（把怜）的音那样表示空虚、无聊而已。

28. block /blɒk/ *n.* 滑轮

译作驳络（bog³ log¹），名词，指滑轮。

驳络是一种简单的机械，把一个周缘有槽的轮子装在架子上，再穿上链条或绳子，用来提升、搬动货物。

【例】①初到五金厂，听师傅讲驳络唔知咩回事（不知啥回事），后来才明白，驳络是英文，指用来提升、搬动货物的滑轮。

②马达有三四百斤重，两三个人搬来搬去搬不动，用驳络一吊就搬走了。

29. blockhead /blɒkhed/ *n.* 傻瓜、笨蛋

译作驳络乞（bog³ log¹ hed¹）。

block /blɒk/ *vt.* 作动词，有阻滞、堵塞、障碍的意思，head /hed/ *n.* 解作头部、头脑，两者连起来便是恩平话说的脑筋不通，脑袋死箍箍（死固固），脑袋僵化，智商低，智力差，不明事理，被看作傻、笨。

30. bob /bɒb/ *n.* (妇女、小孩的) 短发

译作博 (bog¹)。

广州话曾把理个短发或梳两条孖辫仔返书馆 (指小学) 读书的孩童戏称为 "小学鸡" 或 "博博仔"，是以发型来论 "博"；而在二十世纪六七十年代 (时逢 "文革" "上山下乡")，有一段时间，社会上亦有人把理平头、理光头的人看作老土、老粗，戏称他们为 "博佬"。这博博仔和博佬的博，其音与英文的 bob 相同，也与短发有关。

31. bomb /bɒm/ *n.* 炸弹　*vt. & vi.* 轰炸

译作唪 (bang³)。

恩平话用作拟声，表示炸弹、炮弹、地雷爆炸的响声。

【例】①"唪"一声巨响，敌人的碉堡被炸药包炸飞了。
②鬼子进入伏击圈，唪唪唪几声被地雷炸得人仰马翻。

32. boo(h) /buː/ *n.* 嘘声　*vt. & vi.* 发出嘘声

译作卟 (bu⁶)。

当过父母的人，大概都会记得，婴儿约莫几个月大的当儿，孩子有过学发声连吐唾沫的生理现象，恩平话谓之卟口水 (bu⁶ hei¹ shui¹)，对此大人还会打趣说，小孩这举动是天下雨的预兆。这卟口水发出的嘘声就是卟、卟卟卟……

33. book /bʊk/ *vt.* 登记、记账、订立演出契约　*n.* 书、账簿
　　　book up /bʊk ʌp/ *vt.* 预订、预订座位

译作卜 (bug¹)。

这个卜通用于港澳、五邑各地，人们已习惯把饮茶订位、结婚喜庆订酒席叫卜位、卜座、卜台、卜围 (围指桌子台凳)，或简称卜。

【例】①白天鹅宾馆饮茶人多，明早你先去卜位好吗？(订位、找座位)
②难得亲朋戚友齐聚，这次婚宴起码要卜30围。(最少要预订30桌)

34. boom /buːm/ *n.* 雷、炮等低沉的隆隆声　*vt. & vi.* 雷、炮发出的隆隆声

译作嘣或嘭 (同发 beng³ 音)

拟声词，近同唪 (bang³)。

35. bop /bɒp/ *n. & vt.* 击、打

　　box /bɒks/ *n.* 一拳、一记耳光　　*vt. & vi.* 揞、拳击

两者均可译作搏（bog¹），box /bɒks/ 还可以译作搏死（bog¹ si¹）。

【例】①记忆中旧社会私塾的教书先生配有一根戒枋（一根约一尺见长的硬木棍），谁个调皮捣蛋，就被搏头壳（轻敲头部）或搏手板堂（打掌心）。

　　②草丛中飚出一条蛇，被他一棍搏死咗。（打死了）

　　③拳击台上两选手势均力敌，你一拳搏过来，我一拳搏回去，斗得难分难解。（拳击、博弈）

36. bosom /ˈbʊzəm/ *n.* 胸部、乳房

　　breast /brest/ *n.* 乳房、胸部、胸膛

这两个单词的词义基本一致，在穗、港、澳和五邑，人们打趣地取其词头的b并借汉语拼音b、p、m、f（玻 坡 摸 佛）的b（玻）将其译作"波"（广州话 bo¹，恩平话 buɑ³⁻²），在日常会话中，就诙谐地用波取代了听起来涉及女性乳房、胸部这样敏感刺耳的词。

例如，说某女性波大或有波，是指其胸大、乳房大而饱满，说某女性冇波是指她的胸部不发达，平胸。

37. boss /bɒs/ *n.* 老板、上司、经理、工头、领班

广州话译波士（bo¹ xi²），恩平话叫波氏（buɑ³ si⁶⁻⁵）

【例】①广州话：新年上班开工第一天，波士给每个员工发了个大利是（红包）。

　　②恩平话：清明节期间，波氏组织全体员工去"三老亭"扫墓。（"三老亭"指位于恩平城镇鳌峰公园内为纪念三位恩平籍老红军冯燊、禤荣和吴有恒而建的纪念碑。）

38. bound /baʊnd/ *vi.* 跳、弹回

译作蹦（bang³），普通话念 bèng。

【例】①警犬真厉害，一米多高的障碍，一蹦就跨过去了。（跳）

　　②这篮球泄了气，怎么也蹦不起来了。（弹）

39. bowling /ˈbəʊlɪŋ/ *n.* 保龄球（运动）

译作保龄（bou¹ leng⁴），同普通话 bǎo líng、广州话 bou² ling⁴⁻¹ 一致。

40. boycott /ˈbɔɪkɒt/ *vt. & n.* （联合）抵制，拒绝参加

普通话译作杯葛（bēi gé），广州话叫杯葛（bui¹ god³），两者的发音同洋腔近似，但是字面意义同抵制、拒绝的意思挂不上钩。

而恩平音译作背割（boi³⁻² god³）或背绞（boi³⁻² kag³），不但发音接近，字面意义也切合。

背割、背绞的背，意为违背、违反、阻止；背割表示背后割断、分开；背绞表示反过来设置障碍、阻拦，把事情搞乱搞复杂。很明显，背割、背绞就是洋腔指的抵制、拒绝的意思。

《现代汉语词典》第五版第55页注明，杯葛是英文boycott的外来词。方言服从大局，广州话、恩平话用字都用了杯葛，但是从音、义的角度对照，是否背割、背绞比杯葛更精准一些？

41. brood /bruːd/ *vt. & vi.* 孵卵、孵蛋 *n.* （雏鸡、鸟等的）一窝

译作哺噜（bu⁶ lu¹）。

恩平话讲哺噜，其发音与词义都与洋腔吻合一致。

假设有人问，鸡𠊎（母鸡）整天窝在盆子里干吗？恩平话有哺蛋噜（孵蛋）、哺窦噜（赖窝）、哺鸡仔噜（孵小鸡）等答案，每句答话的首音都是哺、尾音都是噜，头尾衔接便是哺……噜，省略一点就是哺噜。

假如听说这句话的人是位洋大哥，他把哺噜记作英文brood一点也不奇怪。这么说来，这个英文单词就大有"出口转内销"的可能了。

另外，在普通话里，孵和哺有不同意义，孵（fū）是孵育、孵化的意思，哺（bǔ）是喂、喂食的意思，如哺乳、哺养、哺育，但不讲哺蛋。严格来讲，恩平话在文字表达上与普通话并无差异，但是口语却习惯把普通话的孵（fū）念成哺（bǔ），所以才有了"哺噜"解作孵蛋的含义，这可以从下面例子看出：

英文	The hen	broods	on her eggs.
普通话对照	母鸡	孵（fū）	蛋 。（或母鸡下蛋）
恩平话对照	母鸡	哺（bu⁶）	蛋 。（或鸡𠊎漏蛋）

42. bubble /ˈbʌbl/ *n.* 泡、水泡

谐音搏步路（bog¹ bu⁶ lu⁶），译作搏（bog¹）或朴（pog¹）。

恩平话把泡（pou⁶）念成搏或朴，水泡叫水搏或水朴，气泡叫气搏或气朴，皮肤被晒到起水泡叫作层皮晒到起水搏（起水朴）。

43. buckle /ˈbʌkl/ n. 扣子、带扣　vt. & vi. 扣住、用钮扣扣紧

读音啪箍路（bag¹ ku⁶ lu⁶），译作啪（念伯 bag¹）。

有一种钮扣，用作鞋子和服装的扣子，或作为装饰品。它由阴、阳两半组合而成，阴的那半有个凹槽，阳的那半有个凸起，扣钮时，将凸起压进凹槽成为一体，压进时由于金属的对接、碰撞，会发出啪（伯）的一声响，因此乡间把这种钮扣称为啪（伯）钮，或称吸钮、唸钮。

译作啪（伯）是借用了啪箍路 buckle 的前一个音节 buck/ˈbʌk/。

44. bud /bʌd/ n. 芽，萌芽　vi. 发芽、萌芽

译作笔（bed¹）。

恩平话把植物长出的笋芽叫笔，意指其形状像毛笔的尖端。例如，竹笋从地下冒出嫩芽、芋头从土里长出芽，前者叫竹子出笔（代替出笋），后者叫出芋笔（代替出芋芽）。中国文房四宝之一的笔，被英文当芽用了。

45. bun /bʌn/ n.（尤指女子的）发髻

译作辫（ben⁶⁻⁵）。

普通话说的辫子（biàn zǐ），恩平话简称辫（ben⁶⁻⁵），与洋文发音相近。梳理头发时，把头发分成两股或多股交叉编成条状叫梳辫子，恩平话简称梳辫，梳成一条叫单辫，梳成两条叫双孖辫。如果把长头发梳理后置于头顶或脑后盘成一团或各式形状叫梳髻。洋人把我们的辫译成 bun /bʌn/，保留了汉语的音，词义释为发髻，也保留了汉人传统化妆的髻。

46. bundle /ˈbʌndl/ n. 包、捆、束　vt. & vi. 捆成、扎（包）起来

译作绑得喽（bong¹ dag¹ lo）或班得喽（ban³ dag¹ lo）。

与前面说的 band /bænd/、bandage /ˈbændɪdʒ/ 一样解释，即用带绑扎。

47. buoy /bɔɪ/ n. 水路标识、浮标（指示方位、方向）　vt. 用浮标指示

译作杯（发音不是辈 boi³⁻², 而是最高音 boi¹）。

这个杯（boi¹）音是恩平话的独一无二体现。普通话的找（zhǎo）寻（xún）觅（mi）来到南粤（越），让广州话多了一个揾（wen²），找东西叫揾嘢，寻人叫揾人，觅食叫揾食。到了恩平，不但多了一个揾，还多了一个"杯"（boi¹），揾嘢叫作杯家伙（找东西），寻人、揾人叫杯人，觅食、揾吃叫杯家伙吃（找东西吃）。一个"杯"字，代替了找、寻、觅、揾，在恩平话里用得活灵活现。

这个"杯"不但普通话、广州话里没有，恐怕在别的方言里（五邑除外）也难以"杯"得到（难以找出来）。

如此说，"杯"不但体现了洋音，又符合了汉义，"杯"就是找目标、找方向，等同于指明目标、指明方向，包含了找、寻、觅、搵的意思。

【例】①你到处勾来勾去杯乜家伙呢？（你翻箱倒柜找什么东西）

②那条门匙丢在边个角落喇？杯返出来至好哇！（找回来才行）

③2014年3月8日马来西亚航空公司一架航班号为MH370的波音飞机在南印度洋失事，至今几年了还未杯到飞机残骸。（尚未发现、尚未找到）

④英文　　　　　To　buoy　a　wreck /rek/ 。
　普通话对照　　用浮标指示　　失事船只　　。
　恩平话对照　　去杯　　　　　沉船　　　　。

48. burrow /ˈbʌrəʊ/ *n.*（狐、兔等的）**窖洞**　*vt. & vi.* 挖掘（洞穴）

译作拨牢（bod¹ lou⁴）或拔牢（bad⁶ lou⁴）。

拨（bod¹）是用手或棍棒挑动、撩动、推动之意；拔（bad⁶）是拉出、抽出、吸出或夺取之意；恩平话把狐、兔、蛇、鼠住的洞穴称之为牢，拨牢、拔牢便是拨开、拔开泥土打个洞穴的意思。

这个英文词的第一个音节bur /bʌ/ 同恩平话拨、拔同音，第二个音节row /rəʊ/ 与恩平话的牢音相同。把洞穴称之为牢，是恩平方言的特色之一。

【例】①果园里有田鼠拨（拔）开泥土打的几个洞穴，其中一个新牢估计藏有老鼠。（新牢是指新挖成的洞、穴）

②草丛中"杯唔到"（找不着）那条蛇，估计是钻入鼠牢（老鼠洞）去了。

③小溪附近泉眼多，至少有两三个秋鱼牢。（指鱼穴、鱼窝）

49. bus /bʌs/ *n.* **公共汽车，客机**

译作巴士（ba¹ su³），与普通话、广州话同。

【例】①自从有了地铁，大家都觉得乘地铁比搭巴士方便快捷。

②那架空中巴士真大，可载客四五百人。（指空客飞机）

50. button /ˈbʌtn/ n. 扣子，钮扣　　vt. & vi. 扣上扣子，扣紧

译作啪（念伯 bag¹）、啪洞（bag¹ dung⁶）或啪钮（bag¹ nei¹）。

这个词的词义与前面的啪（伯）箍路（buckle/bʌkl/）基本一致，把阳半钮扣（凸起）按入阴半钮扣（凹槽）叫啪洞，以此把阴、阳两半钮扣扣紧在一起。啪洞还代表了阴、阳两半金属钮扣合在一起时发出的一声响——啪咚。

51. bye bye /ˈbaɪ baɪ/ int.（儿语）再见

念作摆拜（bai¹ bai³），字面上流行记作拜拜。

摆拜（bai¹ bai³）的发音与英文 /ˈbaɪ baɪ/ 很一致，文字表达的意思似乎比拜拜更恰切。

分别时说一声摆拜，摆是摆摆手、笑一笑的意思，拜是点点头作个揖拜别的意思，整个过程就是摆出拜别的姿态，表示再见。

普通话和粤语虽然用了拜拜两字表达，但是口语说的却是恩平话摆拜的发音。严格来说，普通话拜拜的读音是 bài bài（同呗呗），摆拜的读音是 bǎi bài（同柏呗）；广州话拜拜的读音为 bai³ bai³，摆拜的读音为 bai² bai³，腔调都与英文的 /ˈbaɪ baɪ/ 有差距。

拜是中华礼仪文化的重要传统，拜拜到了英语那里成了摆拜（bye bye/baɪ baɪ/），说这是洋人洋文对我大中华礼仪传统的尊重不为过吧！

C

52. cacao /kəˈkaʊ/ n. 可可（树）

音译作挂巧（ka³ kou¹），比普通话说的可可（kě kě）和广州话说的可可（ho² ho²）与洋腔更接近，用字则一致用回可可（hua¹ hua¹）。

53. cackle /ˈkækl/ n. 母鸡生蛋后的咯咯叫声

音念咯咀（kad¹ geu⁶），记作咯咯（gog¹ gog¹）。

恩平话模拟母鸡下蛋后的咯咯（kad¹ kad¹）声为咯咯咕啄（gog¹ gog¹ gu⁶ diog¹）、咕啄咕啄（gu⁶ diog¹ gu⁶ diog¹），事实上，恩平话的咯字除了念 gog¹ 也念 kad¹，后一发音与英文的前一音节同。乡间还以拟声把鸡叫作咯咯鸡（gog¹ gog¹ gai³⁻²）。

54. call /kɔːl/ *vt. & vi.* 喊、呼喊，通电话

用普通话译作柯（kē）最合适，恩平话念 ko¹，但无合适的字表达。

改革开放初期通信工具出现了大哥大（一种体积比较大的手机）和呗呗机（BP机），其中BP机用作呼号、呼喊用，接通了便知道对方是谁，有什么事，好复电话，全国各地都用普通话称BP机为柯机（kē jī），广州话念 ko¹ gei¹，恩平话念 ko¹ gi³。

英文 call 还引出一个"土洋结合"的流行词叫"打 call""疯狂打 call"。它本指演唱会上粉丝（fans）伴着音乐节奏挥舞荧光棒为歌手、偶像呼唤、高喊加油打气，营造气氛。引申开来，亦可表达对某人、某事捧场、支持、推介之意，例如，为中国足球打 call，为某公司广告疯狂打 call、相亲会现场焦急的父母积极为儿女打 call……

55. camp /kæmp/ *n.* 露营地、野营　*vt. & vi.* 露营、宿营

译作冚蒲（kem¹ pu⁶）。

读音接近洋腔，冚字的意义为遮、遮蔽、遮住。例如冚被、冚棉胎，意指把被子和棉被覆盖在身上，御风御寒取暖，这同露营时拉起帐篷，住进去躲避风雨冰雪是同一个意思。洋腔冚蒲的音与恩平话冚被的音接近。

56. cancel /ˈkænsəl/ *vt.* 删除、取消、注销、勾销

发音近似普通话砍骚（kǎn sāo）。

前一音节译为普通话的"砍"，如果把后一音节译为恩平话"细咯"，两者音、意结合就变成了"砍细咯"（kǎn sɑi³ lo³）。

这里砍指砍掉、删掉、取消、注销；砍细指全部砍掉、全部删掉；砍细咯指已经全部砍掉了，已经全部删除了，其音和义基本与英语一致。

【例】①因天气突变，风暴加雷电，当天有两个航班被砍细咯。（被取消）

②不知何故，他的候补名单被砍细了。（被删除）

57. ❶Canton /ˈkæntən/ /ˈkænˈtɒn/ *n.* ①＝粤语 kwangchow＝普通话 Guangzhou＝广州　②州（尤指瑞士的州）、行政区（如法国的区、市区）

发音近似广州话近豚（ken³ tun⁴），乃早期西方人对广东省城，亦即对作为世界商埠广州的称呼，作为历史见证，当年的广州进出口商品交易会（简称广交会），英文叫 Canton Fair，广州宾馆叫 Hotel Canton。Canton 的音与粤语广东（kwangdong）的音有些微相近吧！

❷**Cantonese** /ˌkæntəˈniːz/ *n.* 广州人、广州话　*adj.* 广州的

发音近似广州话近他呢士（ken³ tɑ¹ ni¹ xi⁶），由Canton（广州）衍生为广州人、广州话、广州的。"粤语"的英译名叫Cantonese，"粤菜"叫Cantonese Food（近他呢士忽）。

58. cancer /ˈkænsə/ *n.* 癌、毒瘤

译作揩痧（kɑng¹ sɑ⁶⁻⁵）。

近年来，政府、卫生部门和新闻单位大大加强了防癌治癌的宣传力度，人们对癌症的认识是大大提高了，但是仍难免有人"闻癌色变"。为免增加人们对癌症的恐惧，亦为减轻病者及其家属的精神压力和痛苦，普遍借用英文单词揩痧来取代癌字，例如病者患癌症叫生揩痧，患癌症死了叫生揩痧走了等等，算是一种心理安慰，一种对癌症的敬畏吧。

59. cap /kæp/ *n.* 帽子、军帽、便帽、笔帽等，瓶盖

译作扱（keb¹）。

恩平方言的扱音用法有点特别，作动词时，它有戴（上）、盖（住）、罩（住）、遮（住）等意思；作名词表示帽子时，它的尊称叫扱帽（keb¹ mou³⁻²）或扱转帽（keb¹ zon¹ mou³⁻²），俗称转（zon¹）或扱转（keb¹ zon¹），借用英文表达叫cap-joint /kæp dʒɔɪnt/，是一种带披肩的棉帽子。

【例】①老奶奶怕孙子的小脑袋被冻着，特意给他扱上一顶棉帽子。（戴上，笠上）

②那瓶喝剩的五粮液瓶盖冇扱紧，难怪闻到有酒味。（没盖严）

③扱转戴起来很暖和。

关于"转""扱转"和"扱转帽"，后面讲到joint时还会有补充。

60. car /kɑː(r)/ *n.* 汽车、电车、客车、轿车

念作卡（kɑ¹），同洋腔一致，字面意义代表汽车、电车、客车、轿车，当然也包括卡车。卡车就是指运输货物、器材的载重汽车。恩平话把没有雨篷遮盖的卡车（kɑ¹ ciɑ³⁻²）叫作"望天卡"，意指货卡露置在天空底下、仰望天空。

61. carbine /ˈkɑːbaɪn/ *n.* 卡宾枪

译作卡宾（kɑ¹ ben³），同普通话卡宾（kǎ bīn），一种枪支的名字，即卡宾枪。

62. card /kɑːd/ *n.* 卡、卡片、名片、纸牌

译作咔（kɑ¹），与普通话卡片（kǎ piàn）同解。例如说我的卡片有单位名称和电话号码，卡片即名片。

63. careless /ˈkeələs/ *adj.* 粗心的、草率的、疏忽的

译作瘸洌（kiɑ⁴ liɑ⁴），解为粗心、轻率、莽撞，包括穿戴打扮或着装不整，给人猥琐的感觉，与英文词义一致。

瘸洌又可说成瘸瘸洌洌（kiɑ⁴ kiɑ⁴ liɑ⁴ liɑ⁴）、瘸洌怪（kiɑ⁴ liɑ⁴ gɑi³）。广州话写作骑鏻（ke⁴ le⁴）、骑鏻蛻（ke⁴ le⁴ guɑi²）或茄哩（ke¹ le¹），还衍生了茄哩啡（ke¹ le¹ fiɑ¹）一词。

64. carp /kɑːp/ *vi.* 挑剔、吹毛求疵、找茬儿

译作犾（keb¹）或噏（念作ngeb¹）。

犾字的本义指迅速而大口地咬一口，或表示被狗咬了一口（犾了一啖）；演绎为乱犾（lon⁶⁻⁵ keb¹）、乱噏（lon⁶⁻⁵ ngeb¹），便成了乱说话、吹牛皮或找茬的意思，其音其义基本与英文一致。

65. cartoon /kɑːˈtuːn/ *n.* 卡通片、动画片、漫画

念挂栋（kɑ³ dung¹），同普通话卡通（kǎ tōng），指动画片、漫画。

66. case /keɪs/ *n.* 情形、情况、案件、事件

广州话译作畸士（kei¹ xi²），恩平话念叩氏（kei¹ si⁶⁻⁵）。

【例】①呢单畸士已交由警方接手办理。（指案件已由警方接办）
②吥单叩氏越搞越复杂，官司不容易打。（指事情变得复杂）

67. cassette /kəˈset/ *n.* 盒式录音（录像）带

译作挂失（kɑ³ sid¹）或卡式（kɑ¹ seg¹）。

挂失意为记挂住就不会丢失，你把声音、图像记录下来就等于保存下来，随时可翻出来听，翻出来看，不会丢失。

卡式指一盒录音带或录像带必须置入卡式放录机的卡座里才能放、录。

68. catch /kætʃ/ *vt. & vi.* 赶上、及时赶上、追上。

译作扢（发音一念ked³，一念ged⁶）。

恩平话形容人（尤指上了年纪的人）赶路或走路匆忙、老态龙钟的姿势叫作扢下扢下（念ked³ hɑ⁶⁻⁵ ked³ hɑ⁶⁻⁵或ged⁶ hɑ⁶⁻⁵ ged⁶ hɑ⁶⁻⁵），为广州话和普通话所

没有。

【例】①没想到后面的人抸抸下（ked³ ked³ hɑ⁶⁻⁵）、抸下抸下（ked³ hɑ⁶⁻⁵ ked³ hɑ⁶⁻⁵）赶上来了。

②大公（老太爷）双脚有点缺陷，走起路来有时抸下抸下（ged⁶ hɑ⁶⁻⁵ ged⁶ hɑ⁶⁻⁵）。

69. cement /sɪˈment/ *n.* 水泥

普通话译作士敏土（shì mǐn tǔ），译音很准确，土字用得很贴切。

用恩平方言可译为施扲土——施（si³）和扲（men¹）两字的恩平音与洋音和普通话士敏（shì mǐn）发音接近一致，但是恩平话的土字念pu¹，故必须用普通话的 tǔ，组合起来施扲土就念成 si³ men¹ tǔ。

士敏土（施扲土）俗称洋灰，外观像泥土，加水拌和做成水泥浆，风干、晾干后变得结实坚硬，用作建筑、道路、堵漏的施工材料。施工手段有批荡、填补、扲缝等方式，若把这种可以用来施工扲缝的泥土称为施扲土，就把英文的音和义都衬托出来了。

70. ceramics /seˈræmɪks/ *n.* 陶器、陶瓷、陶艺、瓷艺

念作舍笠觅（siɑ³ leb¹ meg⁶），意为陶器、陶瓷，乃至家居、宿舍等场所常见的家庭用具或工艺品。

71. chant /tʃɑːnt/ *n.* 圣歌、赞美诗　*vi. & vt.* 唱、唱歌、吟颂（唱）

恩平方言译为唱（ciong³），普通话 chàng，广州话 cêng³，三种话的唱音听起来同英文的 chant 都差不多，看来不同语言唱起来都有共同特点。

72. char /tʃɑː/ *vi. & vt.* 烧焦、烧黑、烧成炭

译作碴（念 zɑ⁶），恩平方言把烧焦、烧成炭表达为烧成碴。

【例】①一堆未干透的粟米（玉米）秆，烧来烧去剩下一堆碴。

②生石灰加水反应生成熟石灰后会发现有没被烧透的石碴。

73. cheap /tʃiːp/ *n.* 便宜　*adj.* 廉价的、低劣的、低俗的

译作妾（喼 cib¹），普通话念 qiè。

妾的本义指女奴，旧时指男人娶的小老婆，又称妾妇、妾侍，亦指地位下等、低微，演绎为指物件廉价、便宜或质量差。

【例】①以他的家财，他装修选用的家具似乎妾了一点。（档次低）

②那家档口的服装太妄，光顾的人很少。（质量低劣）

③他常常对人夸口，说他买的衣服都係坚嘢，冇妄嘢。（不是便宜的廉价货）

74. check /tʃek/ vt. & vi. 核对、检查

念缉（ced^1）。缉私、缉拿、缉查等工作都包含了核对、检查的程序。

【例】①网上收到一笔数，经理叫财务部缉缉佢。（核查它一下）

②登机前，自己最好先缉缉行李重量，以免超重。（检查）

75. cheek /tʃi:k/ n. 面颊、脸蛋，厚颜无耻

念作耻（ci^1）或齿嘅（ci^1 ga^3）。

耻指羞耻、无耻，齿嘅指口齿差失去信用，两者都有脸皮厚、可耻、无口齿之意。

【例】①有句话叫"知耻而后勇"，这个耻字同颜面光不光彩不无关系。

②亦有句话讲"做人不能冇口齿（冇口耻）"。（意为不能不讲信用，否则失去脸皮）

76. cheers /tʃɪəz/ int.（口）举杯敬酒祝健康、谢谢、再见

① 译作奢事（cia$^{3-2}$ su$^{6-5}$）。奢有享受、夸耀、奢求、奢望之意。举办宴会乃是高兴、欢庆的事，此时举杯说声奢事，表示祝贺对方身体健康，万事如意，心想事成。

② 译作扯或且（同念cia^1），表示要离开、要走了，要分别、再见了。

【例】①来！一起举杯，奢事！（共同祝福健康平安幸福）

②他对主人说："玩了大半天，我要扯了。"（意为再见了，要回家了）

③主人说："唔好且，过一晚再走吧。"（别走之意）

④ 主人执拗不过他，他拿起背包，说了声"扯喇"，挥挥手走了。（说了声再见，走了）

77. cheese /tʃi:z/ n. 干酪、乳酪、奶酪

广州话译作芝士（ji^1 xi$^{6-2}$），发音近似，意义也近似。

恩平话念作黐丝（ci^1 su^6），发音比广州话更接近，字义更是体现了乳酪、奶酪带点黏糊、甜滋滋的性状，更形象生动。

78. cheongsam /ˈtʃɔːŋˈsæm/ n. 旗袍

译为长衫（ciong⁴ sam³），普通话念 cháng shān，广州话 cêng⁴ sam¹。

英文长衫指旗袍——妇女穿的一种长袍（原为满族妇女所穿）；普通话长衫指男子穿的中式长衣；恩平话和广州话"长衫"指男长袍和女旗袍的统称。

从发音的角度看，普通话、广州话、恩平话的发音都与洋腔接近，但是三者之中，唯有恩平话的 ong（ɔːŋ）音与英文的 ong /ɔːŋ/ 音一致。

79. cherry /ˈtʃɛrɪ/ n. 樱桃、樱桃树、樱木

译作车梨（ciɑ³⁻² li⁶⁻⁵），似乎比广州话译为车厘子（cé¹ li⁴ ji²）更贴切，这是因为除了车梨两字的发音与洋腔一致，还因为梨字的形貌和内涵比厘子更像是水果。就像我国北方盛产的雪梨，南方盛产的沙梨，都是有名的水果。

80. chock /tʃɔk/ n.（用以防止转动、滑动等的）楔子、垫木

译作削（cog³），广州话也念削（cog³），发音近似普通话的戳（chuō）。

这里得首先把英文词义的"楔子""垫木"作一个解释。

《现代汉语词典》对楔子（xiē zi）的注释，指插在木器的榫子（sùn zi）缝里的木片，可以使接榫的地方不活动。榫子，恩平方言又叫榫头（读音可叫榫头 sun¹ hei⁶ 或摔头 sud¹ hei⁶），指竹、木或石制器具或构件利用凹凸方式相接处凸出的部分。相应把凹陷部分称为榫口（sun¹ hei¹）。榫头、榫口像是孖生的，说到榫头，就连带起榫口，反过来也是。

恩平方言把普通话的楔（xiē）字分别作名词和动词用，名词楔（sib³）指一根上粗下尖的小木头，或一片削尖的薄竹片、薄铁皮；动词揳（sib³）指把小木头、薄竹片或铁皮通过捶打、压迫、顶入的方法把它生硬插入或塞进其他物件的缝隙部位（如榫口），使物件或构件固稳不转动、不滑动。

恩平方言的"削"（cog³）严格来说包含了榫头和榫口两部分。木工做家具、斗（制作）家私，往往需要把两根木头牢固地结合在一起，为此必须将其中一根木头做个凸起——即是榫头（sud¹ hei⁶），将另一根挖个凹槽——即榫口（sun¹ hei¹），再用力将榫头迫入榫口使之紧密连为一体，不会滑动，不会脱落。

在日常生活中，一旦发现家具的"削"有松垮的情况，就必须用"楔"（名词）去"揳"（动词）紧它。

有趣的是，恩平方言的"削"音还可以作动词用，例如用肘去击打叫作削一蹭；削入去即是顿（敦）入去；削下削下可说成顿下顿下，等等。

"刏"还有引出来、套出来的意思，例如：开始他怎么也不吱声，后来刏刏下、刏下刏下，才套到他讲出事情的原委。

由此看来，英文 chock 的发音和含义，真算得上是洋腔与土话交织的一个典型例子了，里面隐含着丰富的汉文化。不是么？中国土木建筑鼻祖、木匠鲁班早在公元前507年至公元前444年已经把这个刏的技艺应用于土木建筑和木器制造技术了！可以说，英文这个 chock（刏）含有浓浓的"出口转内销"味儿！

81. chop /tʃɒp/ vt. & vi. 砍、劈、斩、猛击

译作插（cab³），近似戳（cog⁶⁻⁵）。

插有刺入、扎进、猛刺猛击的意思；戳有戳穿、戳破、戳伤、戳死等说法，两者皆隐含砍、劈、猛击的意思。两者的发音和字义与英文接近。

【例】西班牙斗牛，因为那牛儿数次被利剑插入，最终倒地而死。（对此有人认为刺激，有人认为残暴。）

恩平话还可以用英文 chop 这个音拟声，如西瓜刀很锋利，戳（cog⁶⁻⁵）一声把一个完整的大西瓜齐楫楫地劈成两边。

82. circle /ˈsɜːkl/ n. 圆、圆周、圈、环状物

念作耍箍（sua³ ku⁶）。

恩平话箍（ku⁶）指的就是圆环、圆圈，耍箍就是玩铁环的意思，音、义与英文相近。

【例】耍铁箍就是滚铁箍，又或叫作滚铁环，蛮好玩的。

83. clang /klæŋ/ n. 金属敲击的铿锵声，叮当声　vt. & vi. 使……发出哐啷声

译作咔呤（ka⁶ lang¹）。

【例】宠物狗脖子上挂了一圈小铃铛，跑起来发出咔呤咔呤声。

84. clink /klɪŋk/ n. 叮当声　vt. & vi. 发出叮铃声

clung /klʌŋ/ n. 沉闷的金属声　vt. & vi. 发出沉闷声，发出咚咚的声音

念咔铃·咔呤（ka⁶ leng¹·ka⁶ lang¹）。

指金属类器物自身碰撞或与他物相撞发出的声响。

【例】①服务员不小心把金属盘子掉地下了，咔呤一声把周围食客吓了一惊。

②五金厂金属部件加工车间时不时发出咔铃咔呤的声音。

85. club /klʌb/ *n.* 俱乐部、夜总会、会所、社、会

恩平发音为夸猎部（kɑ³ lab¹ bu⁶），"夸"乃说话谈心之意，"猎"乃猎奇、猎艳之意，"部"乃指场所、会所，整体寓意为聊天猎奇之所，发音与字义皆与英文近似。

普通话意译为俱乐部（jù lè bù），接近于日语外来词くラブ（恩平话念箍拉部），日文的"く"（箍）与恩平话的夸（kɑ³）保留了英文的K音，而普通话的俱（jù）就没有K音了。这么一比较，夸猎部是音译和意译并存，而"俱乐部"意译到位，音译就相差大了。注：用广州话念俱乐部（kêu¹ log⁶ bou⁶），俱字（kuei¹）也保留有K音。

86. cluck /klʌk/ *n.* 咯咯声；*vi.*（母鸡）咯咯地叫

恩平音念咔嘞（kɑ⁶ lag¹）或咔嘞咔嘞（kɑ⁶ lag¹ kɑ⁶ lag¹）。

实际上，鸡的叫声或歌声是咯咯（gog¹ gog¹）声，恩平方言呼唤鸡也是模仿它叫咯咯鸡。下蛋后的母鸡，其叫声却与此有别。它待在窝里直至下完蛋离开，没发现有谁关注它，也没谁为它欢呼，它觉得"孤独"，遂高声"咯咯咕啄"（gog¹ gog¹ gu³ diog¹）"咕啄咕啄"（gu³ diog¹ gu³ diog¹）地叫，其声既表示"孤独孤独"（gu³ dug⁶⁻⁵ gu³ dug⁶⁻⁵），又表示自鸣得意，以此告知东家和邻居，刚才它下蛋了。

中文"咯咯"和"咕啄"的叫声是否比英文的"咔嘞"声更真实贴切一些？

87. coax /kəuks/ *vt. & vi.* 哄（出）、诱（出）、哄（某人作……）、巧言骗取

恩平音念作靠（kou³）和普通话念作靠（kào）的发音近同，但是两者的字义都无法与哄、诱、花言巧语衔接。

用广州话译作沟（kɑo³）则不但音同，而且沟字有沟通的意思，引申开来便带有哄、诱的味道。例如广州话讲沟仔（keo¹ zei²）、沟女（keo¹ nêu⁵⁻²），这当中的沟字就隐含了在交友过程中使用了引导、引诱、哄取的语言或行为。恩平方言也讲沟（发音kei³或keu³），同广州话一样讲沟仔、沟女。

88. cob /kɒb/ *vt.* 打碎、捣碎

译作攉（kog¹）。

有敲碎、敲破、打碎、捣碎的意思。音、义与英文同。

【例】①吃核桃必须把硬壳捱开，才能吃到果仁。(敲开)

②你煎过荷包蛋吗？捱蛋壳还蛮讲究手势的。(敲破)

③炒米转（一种用炒米粉和着糖浆搓捏成鸡蛋形状的礼品糍）很坚硬，夹硬咬会咬崩牙，捱碎了再吃就省事了。(敲碎)

89. coco /ˈkəʊkəʊ/ *n.* 椰子树、椰子

恩平方言译作巧巧（kou¹ kou⁶）和普通话译作蔻蔻（kòu kòu）的音与英文最接近，而译作可可（kě kě）则没有了韵母əʊ /ou/ 音。

90. cod /kɒd/ *n.* 荚、壳

普通话译作壳（ké），其音和义与英文基本一致，恩平方言和广州话都没有合适的同音字。

另外，值得研究的是，普通话里凡带 k 音的字，恩平方言和广州话都变成 h 音，例如：壳（ké）→hog⁶；客（kè）→hɑg¹；渴（kě）→hod³；可（kě）→huɑ¹；刻（kè）→hɑg¹；酷（kù）→hug⁶；等等。

所以，英文cod译作壳只能用普通话念ké，而恩平方言和广州话的壳都成了学（hog⁶）。

91. coffee /ˈkɒfɪ/ *n.* 咖啡

这个词很特别，普通话、广州话、恩平方言都找不到合适的同音字代替。日语译为コーヒー，コ为普通话的柯 kē，ヒ为恩平方言的喜 hi¹，合起来念柯喜（kē hi¹），与洋音接近。

现在国内流行用"咖啡"两字，普通话念 kā fēi，广州话叫 gɑ³ féi¹，恩平话叫 gɑ³ fiɑ¹，三者加上日语，竟然都找不到最合适的音译。

92. color = colour /ˈkʌlə(r)/ *n.* 彩色、颜色、脸色、特色、个性

译作卡喇（kɑ¹ lɑ⁶）。

恩平有句话讲"猛卡喇"（= "搣卡喇" mɑng³ kɑ¹ lɑ⁶⁻⁵），指一个人个性强悍，风头十足，四面威风，特别出彩。卡喇（kɑ¹ lɑ⁶）与英文 color 同音近义。

【例】那人长得虎头虎脑，粗壮硕健，又有几度散手（功夫），别人都赞他猛卡喇。(个性突出)

93. comma /ˈkɒmə/ *n.* 逗号

译作冚码（kem¹ ma⁶⁻⁵）。

逗号是一个标点符号,它一点,就可以让前面说的话作个小小的停顿,换言之,它一点就把前面的话给套住、罩住、管住了——成了冚码。

94. compel /kəm'pel/ *vt.* 强迫、逼迫、迫使屈服

译作强迫(kiong⁶ bag¹)或强逼(kiong⁶ big¹),发音与英文相近,意义一致。

95. compete /kəm'pi:t/ *vi.* 比赛、竞争

译作锦标(gem¹ biu³)或锦飘(gem¹ piu³),亦即锦标赛或锦飘赛,与英文发音相近,同义。

96. comport /kəm'pɔ:t/ *vt. & vi.* 举止、行动

译作禁扑(kem³ pog¹)。

恩平有句话叫禁捱禁扑,表达的就是一个人的举止、行动,包括做事不怕苦、不怕累、不怕劳碌奔波。禁扑的译音与英文相近,其中的扑就是恩平方言扑来扑去的扑。

【例】为了业务,他一年到晚扑来扑去,难怪亲戚朋友都赞他禁扑。(指的是他工作、事业中表现的举止、行动)

97. compound /'kɒmpaʊnd/ *n.* 混合物、化合物　　*vt.* 使混合

译作陷罢呤(ham⁶ ba⁶ lang⁶)或陷扒呤(ham⁶ pa⁶ lang⁶)。

恩平方言把所有东西合埋合埋在一起、全部加和在一起、捞匀混合在一起叫作陷罢(扒)呤。

【例】①他搬新居把旧房子原有的家具杂物陷罢呤送给了别人。(所有、全部)

②恩平有一道美食叫"炒五仔",把椰菜、萝卜仔、豆腐仔、猪肠仔、荠仔等五样主材陷罢呤放进锅里一镬炒熟而成。(混合在一起置锅里爆炒)

98. confucian /kən'fju:ʃən/ *n.* 孔子信徒　　*adj.* 孔子的、儒家的

音、意译为孔府子孙(kung¹ fu¹ zu¹ sun³⁻²)或孔夫子子孙(kung¹ fu³ zu¹ zu¹ sun³⁻²),即是孔子的徒子徒孙之意。

这个英文词说明外国人很早就知道中国有个大儒叫孔子,洋人把孔子的徒子徒孙、把崇拜孔夫子的人称为孔子的信徒,这明显是一个出口转内销的

单词。

99. congest /kən'dʒest/ *vt.* 拥、塞、挤满

谐音念勤窒（ken⁴ zed¹），意思等同于勤挤（ken⁴ zai¹）。

恩平方言讲口袋塞满东西、车厢里挤满了人，通常讲作窒满（zed¹ mon¹）、窒到满（zed¹ dou³ mon¹）。窒是阻塞不通、挤得窒息的意思，其发音与英文的后音节 gest /dʒest/ 一致。勤代表用心用力，勤窒、勤挤，就是使劲往里塞、往里挤，表示塞到满、挤到满之意。

100. conquer /ˈkɒŋkə(r)/ *vt.* 攻克、征服、克服、破除

conqueror /ˈkɒŋkərə(r)/ *n.* 征服者、占领者

用普通话分别译为攻克（gōng kè），攻克勒（gōng kè lè）。

攻克代表征服、攻破；攻克勒表示已征战完毕的那个强人，是他勇敢破除一切障碍，击溃敌人，攻城掠地，成为成功的占领者。

101. convalescence /kɒnvə'lesns/ *n.* 康复期的病人　*adj.* 康复期的

用普通话译为康复利身（kāng fù lì shēn），指病人的话成了康复利身氏（kāng fù lì shēn shì），其音、义与英文非常接近。恩平话康复念 hong³ fug⁶，反而没了普通话 kāng fù 那股洋腔味。

102. cookie /ˈkʊkɪ/ *n.* 饼干

用恩平音念作曲奇（kug¹ ki⁴），发音与英文接近一致，广州话念 kug¹ kéi⁴，ki 音变调成了 kêi 音，普通话念 qū qí，与洋音就相差更远了。

103. cool /ku:l/ *adj.* 凉爽、冷静、沉着、给人冷漠的感觉

恩平音的箍（ku³）、广州话的箍（ku¹）和普通话的酷（kù）都与英文的发音接近一致，普通话对 cool 这个外来语的解析是形容一个人外表英俊潇洒但是脸部表情又带有冷峻坚毅。恩平人讲箍，指人的面孔绷得紧紧的、有隐隐约约箍埋箍埋的感觉，"箍"表现的是一种真实的表情。

恩平方言和广州话的箍（ku³、ku¹）不能用于普通话，因为普通话把它念作 gū；普通话的酷（kù）也不能用于恩平话和广州话，因为后两者把它念为 hug⁶。

104. cooper /ˈku:pə/ *n.* 箍桶的人

译作箍伯（ku¹ bag³）。

箍伯是个人，指箍桶斗木的那个阿伯，是个木匠，是个斗木（指做木工）的师傅，乡间叫作箍桶佬。英文称这个木工师傅为箍伯很合理，这个英文单词也留下了"出口转内销"的痕迹。

广州话也可以这样念、这样解。普通话念成 gū bó，洋腔味就淡了一些。

105. copy /ˈkɒpɪ/ *n.* 复印品、复制品、副本、抄本　*vt. & vi.* 复制、抄写、模仿

普通话意译为拷贝（kǎo bèi），与英文发音相差甚远。

恩平音译作拓皮（kog¹ pi⁶），则其音其义都与英文接近。

所谓"拓皮"，"拓"指扩充、拓展、开辟；"皮"指表面层、表皮、外包层。把外表外皮拓下来，就是把原样外形复制成另一个的意思。我国古代的碑文、石刻，被后人翻拓，称之为碑石拓本，这拓本复制的便是原件的外皮。拓本是复印、复制品，又可叫副本、抄本，在我国历史上曾是非常高端的收藏门类。

"拷贝"，是指把拍摄成的电影底片洗印出来的胶片，又叫正片，供放电影用。亦指音像制品或计算机文件的复制件、复印件、副本。于此看，"拷贝"等同于拓皮。这么一比较，拓皮从发音到文字意义是否比拷贝更形象、更恰切一些？

106. core /kɔː(r)/ *n.* 果核、核心、要点

用普通话念作柯（kē）比较贴切，同柯机的柯 call /kɔːl/ 接近。而恩平话和广州话都找不到合适的字表达，口语就直接念英文的 core。

金属铸造工艺用到的辅助模具——木芯或泥芯叫柯，与英文 core 所指的果核、核心词义一致。

107. cough /kɒf/ *vt. & vi.* 咳嗽　*n.* 咳、咳嗽

译作咯（kɑd⁶），咳（ked¹）的意思。

恩平方言形容咳嗽的声音，一为咯咯声（kɑd⁶ kɑd⁶ 声），一为衿衿声（kem⁶ kem⁶⁻⁵ 声）。

【例】①病人伤风感冒咳到咯咯声。

②他咯出的痰又黄又浓。

③他觉得有痰堵在喉咙里，咯不出来很难受。

108. county /'kaʊntɪ/ *n.* 郡、县

译作郡（gun⁶）。

郡是中国古代的行政区域，历史悠久，秦代以前，郡比县小，从秦代起，郡比县大，故有郡县之说。例如，秦分天下为三十六郡，以监其县。

在英国和爱尔兰，区域划分用到郡，美国等国则为县。

由此看，英美等国的郡是从中国吸收过去的吧！就咱恩平的历史而论，早在汉代便接受过郡治，分别是西汉时期武帝元鼎六年（公元前111年）设置的合浦郡和东汉末期建安二十三年（公元218年）设置的高凉郡，可见郡的历史有多古老，有多悠久。

普通话郡字念jùn，广州话念guen⁶，恩平话念gun⁶，由此看出，英文郡的发音与后两者接近。（注：这亦是英文把汉语G开头的地名念作K开头的例子之一。）

109. coup d'état /kuːdeɪˈtɑː/

coup d'états /kuːdeɪˈtɑːz/ *n.* （军事）政变

普通话译作苦迭打（kǔ dié dǎ），音近，义近。

恩平音译作箍斗打（ku³ dei³ da¹），音近，义更形象。箍，圆环，代表一个圈，圈子里打斗，代表内讧，互相倾轧，争权夺利，与搞政变无异。故箍斗打无论是发音还是字义要比苦迭打更恰切。

110. couple /ˈkʌpl/ *n.* 一对、一双、夫妻、情侣 *vt.* 连结、联系

译作夹（gab³）或一荚（yid¹ gab³）。

恩平方言把一对、一双、两夫妻叫作一荚（夹），荚、夹表示亲密联系，合拍、合得来。例如，两个人很亲近，很谈得来，恩平话叫作好夹。

【例】①他俩夫唱妇随，给人的印象是很融洽的一荚。

②集体婚礼开始，新人一荚一荚步入礼堂的场面温馨而壮观。

111. crack /kræk/ *n.* 裂缝、噼啪声 *vt. & vi.* 破裂、砸破东西

念咔嘞（ka⁶ lag³），裂开的声音和破裂的后果。

【例】①一斧劈落，那根粗竹子咔嘞一声破开成两塞（两片）。

②邻居搞装修，冲击钻钻墙发出的咔嘞咔嘞声很刺耳。

112. craft /krɑːft/ *n.* 工艺、手艺、诡计、手腕

记作卡啦符（ka¹ la¹ fu⁴）。

恩平方言那句揞卡啦（mang³ ka¹ la⁶⁻⁵），可以形容手艺高明、技艺超群、手腕高超，或诡计多端、变化莫测。此等异于常人的人或事皆可称为揞卡啦（又称揞鸡）。而这技高一筹的手腕、手艺，无异于一道符——一道揞卡啦的符，省略一点就是卡啦符。

113. cream /kri:m/ *n.* 奶油、乳皮、雪花膏

用普通话的可（kē）加上恩平音的舔（lim¹）合成为可舔（kē lim¹），则音和义都比普通话叫忌廉（jì lián）和广州话叫忌廉（gei⁶ lim¹）恰当，试想想，奶油、乳皮可舔可吃，雪花膏可以润唇美肤，都与人类亲近，何需忌啊！

114. cuckoo /ˈkʊku:/ *n.* 布谷鸟、杜鹃

谐音箍箍（ku¹ ku⁶），记作咕咕（gu¹ gu⁶），英文以杜鹃咕咕的叫声表示布谷鸟。

115. cudgel /ˈkʌdʒəl/ *n.* 短棍、棒

译作䈏蔗（kag¹ zia⁶⁻⁵）。

恩平方言把竹子的节、甘蔗的节叫作"䈏"（kag¹），便有了竹䈏、蔗䈏的讲法，引申开来，把一截竹子、一截甘蔗、一根短棍、一碌木头分别称为一䈏竹、一䈏蔗、一䈏棍、一䈏木，等等。其中一䈏蔗又可简略说成䈏蔗。

这个英文单词的前音节念䈏（'kʌ）、后一音节念蔗（dʒəl），如果用广州话和普通话则很难像恩平方言那样把音和义作如此表达。

【例】①卖蔗的小贩把甘蔗斩断成一市尺见长的一䈏一䈏，很有卖相。（一截截、一根根）

②阿甲说他买的那䈏（一碌、一根）很甜，阿乙说他买的那䈏（一碌、一根）淡泌泌（不甜）。

116. curl /kɜ:l/ *n.* 卷毛、卷发、卷曲物   *vi.* 卷曲、卷缩

译作翘（念kiu⁴或kiu¹）。

恩平音的翘有抬高、向上弯起或卷曲起的意思。

【例】①那堆木板块块都翘起来，不够平直。（kiu⁴，卷曲）

②他的头发从出世至长大都是翘起来的。（kiu¹，卷毛）

③他翘起二郎腿摇来摇去很不文雅。（kiu¹，曲起之意）

④宠物狗受惊吓翘在角落里不敢动。（卷缩）

117. curry /ˈkʌrɪ/ *n.* 咖喱，咖喱菜

译为咖喱，普通话念 gā lí，广州话念 ga³ léi¹，恩平音 ga³ li¹，三者发音基本相同，不过，普通话的 lí 和恩平话的 li¹ 比广州话的 léi¹ 更接近洋腔。

118. cut /kʌt/ *vt.* 切、割、剪、砍、截、削、凿、辟、磨、雕

译作刮（念 kad¹ 或 kad⁶ 或 gad³）。

【例】①拍电影过程中，暂停或终止的英文念 kad¹，剪辑影片也叫 kad¹。（切换、停止、剪辑）

②菜刀钝到刮（gad³）臀都唔净，拿块磨刀石刮刮佢啦（kad³）。（前者指揩，后者指磨）

③乡里人称理发为刮头（gad³ hei⁶），英文称剪头发为 to have a hair cut（谐音念作醋靴哇乞哑刮），这个 cut 就是刮（gad³）。

119. cute /kju:t/ *n.* 聪明的、伶俐的、精明的、逗人喜爱的

译作巧（kiu¹），又念 kou¹。

恩平方言的巧字有灵巧、灵敏、心灵手巧等意思，与精明、聪明伶俐的解析一致，表明智商高。这个巧（kiu¹）在口语中还往往转换成英文 Q（quotient，意为商、商数）。

【例】①那小孩人仔细细，口齿伶俐，好 Q（kiu¹）㗎。（聪明、智商高）

②去美、加旅游，咁巧（kiu¹）撞见一个分别十几年的老同学。（意想不到，意外惊喜）

ABC 小结

120. ABC 与不同语言发音比较表

英文		恩平方言	广州话	普通话
Aa	/eɪ/	欸、呕（ei¹）		
	/e/	阿、啊、亚（a³）	阿、啊、亚（a³）	阿、啊（ā）
Bb/bi:/		比、畀、吡、肶（bi¹）		
Cc/si:/		鼠、暑、屎、死（si¹）	私、司、思、斯（xi¹）	西、希（xī）

由表看出，英文的 ABC 三个音都可以用恩平话表达，广州话无法表达 A /eɪ/ 和 B/bi:/，普通话则只有 A /e/。

下面以恩平话举几个例子：

【例】①他饮酒不节制，卒之饮到A。（A——呕，意为他喝酒无度，终至醉酒呕吐。）

②他吃了个鸡B。（B——肶，鸡腿。意为他吃了一块鸡腿。）

③急C急尿，憋了个半C。（C——屎，C——死。意为屎急尿急，把人憋得要死。）

④CA烂A，A到一塌糊涂，醒过来才知道ABC还抵力。（A——呕，B——比，C——死。意为一个劲地呕，吐到一塌糊涂，苏醒后才知道呕吐起来比昏死过去还难受。此话来由：某君好饮却不胜酒力，某晚豪饮至烂醉如泥，经历一场撕心裂肺般的大呕吐之后昏睡过去，至翌日酒醒，似有死过去活回来的感受，乃长叹一声，用"半唐番"的口音说了一句"ABC还抵力"。）

从ABC所列举的119个英文词条可以看出，无论是从译音还是词义的角度讲，普通话、广州话和恩平话这三种语言都会与英语发生交织，这是三者的共同点，体现了汉语言文化与英语之间彼此包容、互相渗透、融会贯通的特点。

差别在于有的词条只适用某一种话解读，而有的需要两种结合起来才能解读。差别还在于有的话译出来的发音和词义与英文的相似度高些，适用的概率和出现的概率相应也高，例如，恩平方言就表现出高于广州话，而广州话又表现出高于普通话的现实。

后面的DEFG……又如何？请继续看分解。

DEFG

D

121. dab /dæb/ *n.* 少许、一点点

无合适的字表达，口语直接念dab /dæb/，即恩平音dɑb¹。

【例】①他打开油罐用筷子撩了几下，才发现一罐猪膏（猪油）只剩下一dab¹咁多。（仅剩下一点点）

②那种辣椒酱味道好劲，炒田螺时下一dab¹就够晒啦！（下少许）

122. dad /dæd/ = **daddy** /'dædɪ/ *n.* 爸爸、爹爹

爹（diɑ³⁻²），同普通话的爹（diē）、爹爹（diē die），指父亲，爸爸。与广州

习惯叫爸爸不同，恩平乡间自古以来习惯叫爹。洋腔的dad音与汉语的爹音一致。

123. damn /dæm/ *v.* 痛骂、攻击、（骂人）该死

同念damn /dæm/ 音，近似耽（担dam³），骂人、咒人或骂牲畜的话。例如，粤语话剧"七十二家房客"里有个警察角色"369"，经常用来训人、骂人的一句口头禅"你（这）个扰头鬼"，用的就是这个damn。（"369"的方言话代表中山话，扰头有斩头之意。）恩平话骂人、吆喝牲畜就常用"扰死你""扰死佢（它）"。

124. dance /dɑːns/ *vt. & vi.* 跳舞、跳跃、手舞足蹈

译作弹（dan⁶⁻⁵）或顿（dun⁴）。

弹的组词有弹出、弹起、弹跳等，音、义与英文近似一致。例如，乒乓球从空中落到地板上弹起有一两尺高，这个弹就是跳起、跃起的意思。恩平话的弹（dan⁶⁻⁵）起来又叫顿（dun⁴）起来，或叫作顿下顿下（dun⁴ ha⁶ dun⁴ ha⁶），即一弹一跳，类似跳跃、手舞足蹈、跳舞。

普通话弹也念dàn，广州话则念dan⁶。

125. darling /ˈdɑːlɪŋ/ *n.* 爱人，亲爱的

普通话译为达令（dá lìng），恩平话念哒令（da¹ leng⁶）的音与洋音更一致。

这个英文单词在二十世纪三四十年代中国文坛上用得很普遍，连当时的蒋介石总统与夫人宋美玲都以达令互称。

126. dead /ded/ *adj.* 死去的，已故的

　　　death /deθ/ *n.* 死亡、消失

恩平方言有此音无此字表达，只能照念 /ded/ 或 /deθ/。

普通话讲"不知他上哪儿鬼混去了"，恩平方言表达为"唔知佢死去乃了"，土洋结合就成了"唔知佢dead去乃"或"唔知佢死去乃death了"。这里的dead或deadth指的就是消失了或是消亡了的意思。

又如，dead佢落屎缸（粪坑）、dead佢落大海，都是咒人去死的意思。

127. dear /dɪə(r)/ *adj.* 可爱的、珍贵的　*n.* 亲爱的人，可爱的人
　　　dare /deə(r)/ *a & n.* 冒失的（人）

dear 译作啲娅（di¹ a³⁻²）、**dare** 译作嗲（dia¹）

普通话的娇滴滴，恩平话讲作娇啲啲（giu³⁻² di¹ di¹）或娇嗲（giu³⁻² dia¹），既指小孩子可亲可爱又包含了扭捏、撒娇的一面。而嗲声嗲气则含有既可爱又带点失礼的意思，在陌生人面前亦算得上是一种冒失行为。

128. decease /dɪˈsiːs/ *n.* 死亡　　*vi.* 死亡

知死（di³ si¹）

恩平话的知可念 zi³ 或 di³，有句口语"知死未？""知死唔知死？"当知字念 di³ 时，知死便是 di³ si¹，其发音和词义与英文相同。

129. deck /dek/ *vt.* 装饰某人或某物，打扮

恩平有此音无此字，只能照念 /dek/（恩平音 dek¹），意为放、置、摆弄来搬弄去，含有装饰、打扮的意味。

【例】①家居搞装修，把一些小物件摆来摆去叫作 dek¹ 来 dek¹ 去。

②把一尊石膏女神像摆进玻璃柜里作装饰，叫作 dek¹ 到柜里好睇（装饰打扮，好看）

③她觉得把玉簪 dek¹ 到发髻比 dek¹ 到头顶更好看。（装扮、打扮）

130. deem /diːm/ *vt.* 认为，相信

恩平话和广州话念作啱（dim⁶），音与英文一致。啱的意思表示顺当、妥当。有意思的是，虽然恩平话和广州话不能把它当成动词"认为""相信"解，但是可作为动词的宾语表达结果，例如，认为啱、相信啱。

【例】①你认为他外出打工捞得啱吗？（认为……啱）

②大部分人都相信他捞得啱。（相信……啱）

③问他对投资项目的把握，他认为啱，相信啱。

131. deny /dɪˈnaɪ/ *vt.* 否认知情，拒绝

译作知呶（di³ nɑi¹），发音与英文同。

恩平有句土话叫"知呶唔知呶"（di³ nɑi¹ m⁴ di³ nɑi¹），其意为只知其一，不知其二，亦即只知道其中一些，不知全部。有时只说知呶（di³ nɑi¹），潜台词便是唔知呶（m⁴ di³ nɑi¹），都有否认知情（即不知全部）的意思。

132. dingo /ˈdɪŋɡəʊ/ *n.* 澳洲野犬

音念顶咎（deng¹ geu⁶），记作癫狗（din³ gei¹），接近广州话 din¹ geo²。犬

乃狗，顶咖的音和癫狗的义都与英文对应。恩平方言讲的癫狗、蜢狗都带有野性，这与澳洲野犬的野应该没有太大差别。

133. dip /dɪp/ *vt.* 浸、蘸

译作喋（dib¹），音、义与英文近同。

恩平话讲喋，是指动作——在汁液或粉末里沾一下就拿出来的意思，沾一点点等同于蘸一点点（沾、蘸同念zim³），又叫喋一喋。

【例】①广东人爱吃白切鸡，上桌时通常要配一碟靓豉油或一碟油盐姜葱，夹起鸡往里喋一喋再送进嘴里，味道特好。（蘸或沾一点点）

②旧社会的穷苦人家，靠喋上味送粥送饭过日子是常事。（蘸或沾一点点盐末）

134. disco /ˈdɪskəʊ/ *n.* 迪斯科（舞蹈、舞会、舞厅）

念啲是靠（dig¹ si⁶ kou⁶）的发音比普通话念迪斯科（dí si kē）和广州话念迪斯科（dig⁶ xi⁶ fo¹）更接近英文。例如，他约了女朋友晚上去啲是靠，意思就是约她上舞厅，在舞池见。

135. do /du/ *vt. & vi.* 做、干、从事、学习、制作、研究、烹调、烧、煮

音念赌（念du¹），与英腔一致。

众所周知，劳动创造世界，因此英文的do /du/ 是真干实做，会收到种瓜得瓜、种豆得豆的效果，例如用"赌"来说英文，赌骨（do good /du gʊd/）是做好事；赌依糊（do evil /du 'i:vl/）是做坏事；赌郎（do wrong /du rɒŋ/）指做错事、作恶、犯罪；赌妖时髦咔（Do you smoke? /du ju sməʊk?/）是问你吸不吸烟；而孝赌妖赌（How do you do? /haʊ du ju du?/）是第一次见面问候一声您好，等等。

恩平话的赌也包含有英文词义"做""干""从事"的意思，例如赌一把、赌一赌，就有拼一拼、搏一搏、冒险一次去做某事的意思。但是赌博、赌钱的"做""干""从事"却是另一回事，那是犯法行为，危害社会，危害家庭。看来，英文把中文的赌（dǔ）衍绎为真干实做的 do /du/ 是一种进步，那句 do all out /du ɔːl aʊt/（念赌哦噜噢）赌的是"鼓足干劲"哪！

136. double /ˈdʌbl/ *adj.* 双的、双重的、双份的、两倍的

念作沓步（dɑb¹ bu⁶），意指双重的、双倍的。沓的本义就有多、重复的意思。

【例】①一百元太少，沓步行不行？（双倍行吗？）

②一沓信封有10个，他买了两沓（指双重、双份），即英文的沓步。

137. dozen /ˈdʌzn/ *n.* 一打、十二个

译作打，普通话dá，广州话da²，而以恩平方言念dɑ¹与英文最接近。打为量词，一打为十二个（或根、条、块等）。

【例】多数人只买一打，他嫌12个太少，来了个沓步，买了两打，24个。

E

138. ease /iːz/ *n.* 容易、舒适、安逸

译作易，普通话念yì，广州话yi⁶，恩平话yi⁶，都与英文发音接近，字义也近似。普通话还可以记作逸yì，安逸的逸。恩平话的逸（yid⁶）音和义也近似。

【例】①他觉得通过英语四级好易。（觉得容易）

②他妈妈说，别以为易而粗心大意啊！（别以为容易）

③易过借火、易过吃生菜里面的易都带有容易、舒适、安逸的意思。

139. encore /ˈɒŋkɔː(r)/ *int.* 再来一个　*n.* 重唱　*vt.* 要求……再演（唱）

谐音近似恩平方言的昂过（ngong³ gua⁴），音、义结合可记为按过（念on³ gua³），意即再来一次。

"昂"的本义为仰起、抬起，"昂过"意为再仰，再抬起一次。在KTV唱K，一首歌唱完（播完），还想跟唱或再播放听一次，就按重放键，这个键就是昂过键，按过即可以重放。

恩平方言"昂"（ngong³）与"戆"的发音相近，唱歌唱到激情、近似疯狂时被认为是戆，反复再唱叫再戆一次（知己朋友之间互相调侃）。

昂过、戆过、按过就是英文encore，即重唱，再来一个。

140. England /ˈɪŋɡlənd/ *n.* 英格兰、英国

通用英格兰，普通话念yīng gé lán，广州话ying¹ ga³ lan⁴，恩平音念英隔邻yeng¹ gad³ len⁴，与英文更接近。

F

141. face /feɪs/ *n.* 脸、脸孔、面容，面子、外表、威严

恩平方言念作否氏（fei¹ si⁶⁻⁵）。改革开放之后，"否氏"一词变得流行起来，例如，有面子、面子大叫作有否氏，给人一点面子叫作界点否氏佢，而普通话的谐音字记作非斯（fēi sī），广州话记作菲士（fei¹ xi⁶），似乎还比不上方言"否氏"念得准确。

142. facial /ˈfeɪʃl/ *n.* 美容、面部按摩

记作菲骚（fei¹ sou⁶）或飞扫（fui³ sou³）。

恩平乡间一直流传着这样一种古老简朴的面部美容方法：它由有经验的妇人家操作，先用纸或毛巾把对方脸上的汗水抹干，接着用痱子粉扑扑脸部，让皮肤变得爽滑，然后取一根缝衣用的细线，用双手拉扯使线绳交叉飞舞，由此产生的剪切力将脸部的汗毛和皮肤表层的灰垢除去。坊间给这种古老的功夫起了个蛮朴素的名字，叫作"捋毛仔""刮毛仔"。那双手左、右开弓、那根细线上、下飞舞的动作既像做骚（表演）又像在清扫，实际就是美容、面部按摩，故叫菲骚或飞扫，其音其义皆生动形象，与英文的音、义衔接。

如今城里和镇上的美发美容店大多都开设了美容和面部按摩服务，花样多多，有条件的"美眉"，周末都乐意去菲骚飞扫，擦点痱子粉，扫扫脸，扮扮靓，更青春。也有喜欢、中意"捋毛仔"的年轻姑娘、大姐、姑奶奶，会找到沿江路边（锦江岸边）自由摆摊的"捋毛仔"档口，在绿荫树下呼吸着新鲜空气，去体验、享受"捋毛仔"的乐趣。档口的家当包括一张凳子（档主坐着操作）、一把椅子（让顾客坐得舒适）、一包纸巾、一盒爽身粉、一团细线。档主大多是有着丰富经验的大婶，服务热情周到，落足（下足）心机，收费实惠，在高消费的大背景下，颇受民众欢迎，成为美容、面部按摩的另外一道风景。

古老的"捋毛仔""刮毛仔"，成了当代的美容术、面部按摩术，连英文都用上了菲骚、飞扫这个音。

143. fad /fæd/ *n.* 流行的时尚、爱好、狂热等

记作拂（fed¹）。

恩平有句话叫拂拂跳（fed¹ fed¹ hiu³）。当一个长袖舞者狂热地舞动起来，或夸张地跳起时尚的迪斯科，形容那动作拂下拂下、拂来拂去的拂，用的就是英文 fad /fæd/ 这个音。小孩子生性未定，喜欢这样，爱好那样，贪玩、活泼好动，就用拂拂跳来形容。至于随着全民健身运动的蓬勃开展而兴起的广场舞，其风头席卷全国，甚至舞出国门，成了广场大妈大婶们狂热追风的心头喜好，这一道风景也完全配得上这个英文 fad！

144. fade /feɪd/ *vt. & vi.* 褪去、变弱、枯萎
    fail /feɪl/ *vt. & vi.* 衰退，衰弱
译作浮（fei⁴）。
恩平话形容某人生病致身体虚胖、软弱无力，叫作面浮浮，脚浮浮，浮浮肿肿，浮字的音和义与英文有近同之处。

145. fair play /feə(r) pleɪ/ *n.* 公平比赛、公平竞争
普通话译作费厄泼赖（fèi è pō lài）。在二十世纪三四十年代，鲁迅先生的散文里就这样用上了。恩平方言念成啡哑吐漏（fiɑ¹ ɑ¹ pu³ lei⁶），洋腔味是不是比费厄泼赖（fèi è pō lài）更浓重一些？

146. fan /fæn/, **fans** /fæns/ *n.* 狂热爱好者，迷（球迷、戏迷、影迷、书迷等）
现代网络用语写作粉或"粉丝"（普通话 fěn sī，广州话 fen² xi¹，恩平话 fun¹ su³⁻²），但是口语基本上都念英文 fans /fæns/ 来表达。
【例】①中国女排姑娘无论在哪里比赛，都有众多粉丝捧场。
      ②诸多歌星、影星，你是谁的粉啊？

147. fare /feə(r)/ *n.* 费，票价
译作惠（fui⁶⁻⁵），广州话念菲（féi³）。
"惠""菲"代表票子、票证、（票证的）费用、价格。如车票、船票、戏票、电影票叫车惠、船惠、戏惠、电影惠等等，由此看，惠、菲还代表福利，代表实惠。
【例】①今晚的露天电影唔使买惠进场。（不用花钱购票入场，福利）
      ②今天有个好消息，听说车惠调低价格了。（车票降低价钱了，实惠）
      ③普通话讲"买票"（mǎi piào），恩平话讲买惠（mɑi³ fui⁶），广州话讲买菲（mɑi⁵ féi¹）。

148. fashion /ˈfæʃn/ *n.* 方式、样子、流行（款式）、时尚、潮流

译作花顺（fa$^{3-2}$ sun$^{6-5}$），广州话叫花臣（fa^1 sen^2）。

扑克牌有黑桃、红桃、红方块、黑梅花，两红两黑四个角色，同种色的牌叫"同花"，同种色的牌加上符合顺序叫"同花顺"，这应该是花顺的由来。演变开来，不同花顺就代表了不同方式、不同样子、不同时尚、不同花款。

【例】①夫人买了一条今夏时髦新款的连衣裙回到家，兴高采烈，先生忍不住问了一句：买咗咩花顺甘把闲啊？（买了什么时尚款式让你那么兴奋啊？）

②今冬的时装，不知道设计大师又玩出什么花顺来？（什么新款式）

149. father /ˈfɑːðə(r)/ *n.* 父亲

念作花哆（fa^1 da$^{6-5}$）。

20世纪50—70年代，香港制作的电影电视里面常会出现称父亲为花哆，称母亲为妈哆（ma^1 da$^{6-5}$）的场景。

150. fax /fæks/ *n.* 传真机，传真文件　*vt.* 用传真机传送

念作拂氏（fed^1 si$^{6-5}$）。

随着传真技术的发展，改革开放以来，国内许多公司、企业和机关事业单位的业务往来都开始使用传真机，大大方便了与国内、国外的业务沟通。以前用书信公函来往，用电报传递文件资料，后来大家都知道用拂氏，既快捷省事，又清晰无误。

151. fee /fiː/ *n.* 费，酬金

用客家话译作费（fi^4）最恰切，音、义与洋文一致，而普通话费（fèi）、广州话（fei^3）和恩平话（fui^3）都没有了英文的/iː/音。例如，客家方言说的费用（fi^4 yung^4）、使费（si^3 fi^4），其fi^{4}音同英文fee相同。

152. fellow /ˈfeləʊ/ *n.* 男子、小伙子、同伴、家伙

fellowship /ˈfeləʊʃɪp/ *n.* 伙伴关系、友谊

近似恩平话谐音叫灰蟟（foi^3 lou^4）。

恩平乡间有句连哄带骂的话叫"尘蜞""灰蟟"。据传"尘蜞"是受冤屈而死去的人变成的鬼，"灰蟟"为刚出世或年幼夭折的孩童变成的魂，前者为厉鬼，后者为细鬼，故又有"尘蜞"比"灰蟟"凶恶的说法。

在日常生活中，人们借"尘蜞"骂人、损人；"灰蟟"则褒贬兼容。

【例】①两个灰蟟揽头揽颈缠埋一堆，好似好啮斗咁。（两个小家伙缠缠绵绵在一起，显得很亲密的样子。）——褒

②吤个灰蟟好顽梗噁死吤。（那个家伙调皮得不得了。）——贬

由以上例子看，"灰蟟"两字与英文发音相近，字义也是小伙、同伴、家伙、老友鬼鬼之意，与英文一致。

（注："灰蟟"还有另一种流传说法，在旧社会夭折的童尸是用布包裹、盖上草木灰才拿去掩埋的，意思为与灰捞埋一起。）

153. fiber，fibre /ˈfaɪbə(r)/ *n.*（动物植物的）纤维，纤维质

广州话译作快把（fai¹ ba²），恩平音念快罢（fai³⁻² ba⁶），两者发音接近。但是两者的字义都与纤维扯不上关系，只能用其音。

【例】他穿的那套运动服很漂亮，是合成fiber（快把）做的。（合成纤维）

154. fig /fɪɡ/ *n.* 无花果，少许、一些、微量

无合适字可译，但是恩平方言常常用到fig的音，它代表的意义包括划一下、闪一下、摆动或弹开的意思，故可以用"无花果、fig fig下"这个音把单词记下来。而"fig fig下"本身就包含有少许、些微的意思。

【例】①如今，难得在黑夜里见到萤火虫fig下fig下的景象了。（念fig音，指一闪一灭）

②风扇吹过来的风把蜡烛的火苗吹得fig来fig去。（摆来摆去，晃来晃去）

③他用手指一fig，把桌面的纸团掸到地下去了。（一弹）

④他早上起来用手指fig水浇花的习惯。（用小量水）

155. file /faɪl/ *n.* 文件夹、公文箱，文件、宗卷、档案

广州话译作快劳（fai¹ lou²），恩平音念块路（fai³⁻² lu⁶），音更接近。但是两者字面意义都无法体现文件、档案的意义，只能借个音。

【例】老总吩咐秘书，先保管好求职人员的块路。（指档案资料）

156. film /fɪlm/ *n.* 电影、影片、胶卷、胶片

译作菲啉，普通话fēi lín，广州话fēi¹ lem²，恩平话fui¹ lem⁴，三种发音都

与洋腔接近。

【例】①用照相机拍照需要菲啉,用手机拍照就省事了。(指胶卷)
②旧式放映机用菲啉放电影。

157. fit /fɪt/ *vt. & vi.* (使)**适合、试穿,安装**
没有合适的字,照念fit。

【例】①呢套衫你着起来显得好fit呗。(这套衣服你穿起来挺合适的。)
②你身体咁fit,着乜都啱啦。(你这身材穿什么样的衣服都合适。)
③他天天坚持笈fit(英文keep fit),难怪身材特别好。(指通过适当的锻炼保健既使身体好又使身材好)

158. follow /ˈfɒləʊ/ *vt. & vi.* **跟随、接着**
念伙遛(fua¹ lou⁴)。

英文follow me/ˈfɒləʊ miː/(伙遛尾)是"跟着我"的意思,可念成伙佬尾(fua¹ lou¹ mi¹),这么一来,就成了一句顺口溜:伙遛尾、伙佬尾,意思就是跟我尾(gen³ ngua³ mi¹)。英文的me同恩平话的尾同音,所以押韵。

159. food /fuːd/ *n.* **食物、食品、粮食**
译作忽或拂,读音为fud¹,与洋音同。

恩平话讲有得忽、有得拂,若"忽"作名词,同英文一样解作食物、粮食;若"拂"作动词,有得拂就是有得拿、有得吃、有得捞之意,拂饱拂够可解作吃到饱或捞了个够的意思。我们讲的忽(名词)和拂(动词),英文只用了其中一半,作名词解作食品、粮食。

【例】①小朋友吃完饭、放下碗,父母会关心或打趣问一声:"拂饱未啊"?(意为吃饱了吗)
②报纸电视上揭发报道那些贪官动辄收受贿赂几百万几千万,老百姓都会气愤骂一句:他们贪婪无度,拂饱拂够啦!(意为捞到盘满砵满)
③宴会免费招待,有得忽就拂个够吧!(有得忽指有那么多丰富佳肴,拂个够指吃个饱)

160. foot /fʊt/ *n.* **脚、足** *vt.* **走、踏**
记作拂,读音念fud³不念忽(fud¹)。
恩平话讲拂脚佢(fug³⁻² goig³ kui³),意指用脚拨开它;拂佢一脚指扫它一腿；一脚拂佢去大西洋指用脚把它踢到遥远的大海。例子中的"拂"，都指由足、脚、腿引发的动作。由此看，英语 foot 的含义同汉语的"拂"把脚和脚的动作兼顾起来的表达是一致的。

161. forget /fə'get/ *vt. & vi.* 忘记、忽视

念作科桔（fuɑ$^{3-2}$ ged^1）。

英文的桔（get/get/）本指得到、收到、获得，变成科桔（forget）却表示忽视、忘记，难怪恩平话讲"鬼咁有记性（指健忘），忙来忙去最后得个桔"（意为忘记、忽视了宗旨，得个白忙，没啥收获）。

162. foul /faʊl/ *adj.* 下流的、肮脏的、邪恶的

译作浮，广州话念 feo^4，恩平音念 fei^4 或 feu^4，解作轻浮、浮躁、行为作风轻佻，不庄重。

【例】那人整天嘻皮笑脸，没点正经，好浮㗎。（带有下流、肮脏、邪恶的意思）

163. fuck /fʌk/ *vt. & vi.* 与（某人）性交、生气骂人　*n.* 性交　*int.* 混帐、滚开，他妈的

土话里用到这个音，但是无合适字可译，照念 fuck /fʌk/。

恩平方言 fuck 的意思，一指用棍子之类把某一东西挑开、撩起或拨开。

【例】①他用一根竹子把横在路上的死蛇 fuck 开一丈远。（撩开去一丈远）

②他用火棍（指旧时农家用炉灶烧饭时用来往灶里送柴送稻草的一根棍子）把未烧透的木柴 fuck 过来 fuck 过去，直至木柴烧透成炭。（拨来拨去）

fuck 的另一意思指粗话、骂人。

【例】① fuck you!（恩平话讲 fuck 〇佢，意为滚他的蛋，他妈的。）

②他生气至极，冒出一句粗话：你再牙擦我就 fuck 〇你过莽洲。（意为你若再猖狂我就揍你一顿。）

164. fun /fʌn/ *n.* 乐趣、娱乐、嬉戏

发音念反（fɑn^1），文字译作玩。

【例】①呢啲事唔係讲反架。（这样的事情可不是闹着玩的，不能儿戏。）

②有些话不能胡乱讲玩作爽㗎。（有些话不宜用于开玩笑取乐的。）

③三更半夜还去乃玩啊？（半夜三更还去哪里寻欢作乐啊？）
④我同你讲真的，别以为讲反。（不是嬉戏玩笑）

G

165. gabble /'gæbl/ *vt. & vi.* 说话急促而含糊不清（听不明白） *n.* 急促而含糊的话

译作急暴（geb¹ bou⁶）。

音与英文近，意思为说话像急风骤雨般倾泻而来，难免含糊不清，让人听不明白，与英文词义一致。

166. gad /gæd/ *vi.* 游荡、闲逛、找乐子

译作刮（gɑd³）。

【例】①今日又想去乃刮啊？（今天又打算上哪玩去？上哪闲逛寻乐去？）
②从早到晚四处刮来刮去做咩傢伙汝？（一早到晚闲游散荡干嘛呢？）

167. gallon /'gælən/ *n.* 加仑（英美制容量单位，1加仑=3.785升）

《新华字典》记作加仑（jiā lún）。加仑两字的译音应来自粤语gɑ¹ lên⁴。恩平音念gɑ³ lun⁴，与粤语接近，如念成几邻（giɑ¹ len⁴）则与英文更接近。（注：恩平方言的几有gi¹和giɑ¹两个音，所说为后者。）

168. gamble /'gæmbl/ *vt. & vi.* 赌博、冒风险

音念锦步（gem¹ bu⁶），译作锦博（gem¹ bog³），意为用金钱去赌博，又可称金博（gem³ bog³），两者发音与英文近似。赌博乃是拿金钱去博彩冒风险，属于黄赌毒之一，不要沾染。

169. game /geɪm/ *n.* 游戏、运动、比赛、运动会

音念作韭（gei¹），但字义无法显示其意。

例如，Olympic Games /əʊ'lɪmpɪk 'geɪms/ 译音为奥林匹克韭，解作奥林匹克世界运动会。

恩平话韭与狗同念gei³音，故遛狗=遛韭=遛+game（英文）=lei³ gei¹（恩平

音)。遛狗是带着或牵着宠物狗去散步,去溜达的意思,是一项运动。

170. garden /ˈgɑːdn/ *n.* 花园、菜园、果园

念作家垫(ga³ din⁶),音接近,有家庭式园林或园林隶属于家庭的意思。

【例】①天台的家垫也属于你们家的吗?(天台花园)
②住在别墅小区的家庭,家家户户都可以在自家的家垫种花种果。

171. get /get/ *vt.* 得到,收到

一是念作吉或桔(ged¹),音与洋腔近同。

英文的get /get/指得到、收到,但是广州话讲白白得个吉(deg¹ go³ ged¹)和恩平话讲忙来忙去得个桔(dag¹ gua³ ged¹),却是指啥也没得到,毫无收获。而事实上,吉和桔的确像英文词义解释的那样代表得到了,这么说是因为得个桔(柑桔、桔子)指得到实物,得个吉(吉祥、吉庆)指得到精神鼓励,虽所得不同,但都得到了,这就是get——吉!桔!

二是念作杰(gid⁶),其义指所得收获很丰厚、很多。如一碗粥,杰突突就胜过稀了了。

【例】①今晚参加婚宴吃了一餐gid⁶㗎。(指得到一顿丰盛佳肴)
②这个月超产,估计奖金好gid⁶。(会得到更大份奖金)

一般情况下,恩平方言和广州话说的"得个吉(桔)",其意表示一场空欢喜,啥也没得到。

172. get out /get aʊt/ *v.* (使)离开、退出、逃脱

此处的get念扢(ged⁶),意为(让)走开、(使)离开。get out念扢拗(ged¹ ou¹)或扢噢(ged⁶ o³),等同于扢开、扢远啲。

【例】①扢(ged⁶)佢过茫洲。(指把对方丢到、扔到或甩到老远老远的地方)
②半天不见他人影,你猜他扢去乃了。(离开去哪了)
③他来了总是帮倒忙,不如叫佢懒猪扢路啦!(懒猪扢路 lan³ zi³⁻² ged⁶ lu⁶ 的广州话念作趷尸趷路 lan¹ xi¹ ged⁶ lou⁶,意为让他滚蛋,让他离开,即扢拗。)

173. go /gəʊ/ *vi.* 进行、运转、行、走

译音搞或搅(gou¹)。

英文的go /gəʊ/音同恩平话搞和搅的读音基本一致,用作动词表达的意思

也与英文相关，而普通话和广州话却找不到其音其义与此一致的字。

例如，恩平话讲搞乜家伙，意指进行着什么事情或指事情进展至何种程度；搞来搞去搞生势，指走来走去、多手多脚的动作；搅搅震、搅乱晒、死死搅，指调皮捣蛋行为；搞反转，指把事情由正常运行搞成逆转等等，把英文的 go 用得很精彩。

英语里由 go 组成的词条用恩平方言念出来，其发音相似度可接近九成以上，这是普通话和广州话无法实施的。

例如：

英文	恩平话近似谐音	英文词义表达
go ahead /gəʊ əˈhed/	搞阿乞（gou¹ a³ hed¹）	前进、开始、干吧
go about /gəʊ əˈbaʊt/	搞阿宝（gou¹ a³ bou¹）	从事、处理
go along /gəʊ əˈlɒŋ/	搞阿廊（gou¹ a³ long¹）	前进、进行
go back /gəʊ bæk/	搞毕（gou¹ bed¹）	回去、追溯
go before /gəʊ bɪˈfɔː/	搞秘伙（gou¹ bi³ fua¹）	时间上居先
go below /gəʊ bɪˈləʊ/	搞秘佬（gou¹ bi³ lou¹）	到……以下
go by /gəʊ baɪ/	搞拜（gou¹ bai¹）	遵守、遵循、时光流逝
go for /gəʊ fə(r)/	搞货（gou¹ fua³）	为……去、去请、去找某人
go on /gəʊ ɒn/	搞安（gou¹ on³）	向前走、继续做
go out /gəʊ aʊt/	搞拗（gou¹ ou¹）	出去、出国去

由上述诸多例子看，英文把汉语的搞（搅）字变成 go /gəʊ/，go 来 go 去搞（搅）出很多名堂来，是土话与洋腔交织融会的典型例子。

174. god /gɒd/ *n.* 上帝、神、（泥塑或木雕的）神像

英式谐音念葛（噶 god¹），美式谐音念括（gad¹）。

恩平话讲"好似个佛咁"，换成广州话就是"好像一碌葛咁"，这个佛就是葛，葛又成了英文的 god /gɒd/，成了上帝、神、神像。

说来也是，无论是佛像还是神像，无论它肃穆逼真，还是栩栩如生、威风凛凛，它就是一尊木立在那里的塑像，故用"好似个佛咁""好像一碌葛咁"来形容它。

此外，英文里亦有表示痛苦、悲哀或愤怒的感叹词用到葛，例如：

Good God! /gʊd gɒd/ 骨葛！（gud¹ god³）

Oh, God! /əʊ gɒd/ 噢葛！（o¹ god³）

Oh, my God! /əʊ maɪ gɒd/ 噢买葛！（o¹ mai³ god³）

上面的骨葛、噢葛、噢买葛都带有哭号、呼天唤地的意思，意思分别为哎啊好家伙！天啊！啊——我的天！

175. good /gʊd/ *adj.* 好的、良的、令人满意的、愉快的

译作骨（gud¹）。

作为实物，骨可以代表骨头、骨架、骨髓，作为气质它代表骨感、骨气、侠骨。恩平人把自己的乡土语言自诩为"恩平骨"，体现的是恩平话的古老、古老加现代、诙谐爽听，还有土话与洋腔互为渗透交织等特点。如果用英文的good来解析恩平骨，就有了恩平话，好有意思，给人的感觉很有趣，令人觉得很惬意的味道了。

骨变身为英文good，成全了许多好或意味着好意头的词语，例如：

good boy /gʊd bɔɪ/	骨贝（gud¹ boi¹）	好孩子、好宝贝
good bye /gʊd baɪ/	骨拜、骨摆（gud¹ bai¹）	再见
good friend /gʊd frend/	骨府鳞（gud¹ fu¹ len⁴）	好朋友
good luck /gʊd 'lʌk/	骨簕（gud¹ lag¹）	好彩、好运
good mark /gʊd mɑːk/	骨唛（gud¹ mag¹）	得分良好

176. guide /gaɪd/ *n.* 向导、引导　*vt.* 引路、指导、操纵、支配

译作拐（gai¹），发音与洋腔接近。

拐字带有导向性质，如拐弯、拐带、诱骗、欺诈、操纵之类。拐卖妇女儿童就是一种操纵、支配、欺骗妇幼的犯罪行为，这种人被称为拐子、拐骗犯。

恩平方言的拐（gai¹）音很独特，同是拐字，普通话念guǎi，广州话念guai²，都与洋腔不同，而恩平音却出奇地近似一致。

【例】在公安部门的打拐行动中，不少被拐儿童终于回到了父母亲人身边。

177. guitar /gɪ'tɑː(r)/ *n.* 六弦琴、吉他

通译为吉他（普通话 jí tā，广州话 ged¹ ta¹，恩平话成了 ged¹ ha³⁻²）。实际

上，恩平话可以像广州音那样把它念成结他（gid¹ ta¹），则发音比ged¹ ha³⁻²与洋腔更一致。

178. guy /gaɪ/ *n.* 家伙、伙计

译作蚏（gai¹），音、义与洋腔一致。

这个蚏（gai¹），与前面的拐（gai¹）同音不同义，拐指导向，蚏则拟人。乡间把表现怪异、穿戴不整、污糟邋遢的行为称为罅啡（lia⁶ fia⁶）、罅罅啡啡（lia⁶ lia⁶ fia⁶ fia⁶），此类人被称为骑罅蚏（kia⁴ lia⁴ gai¹），广州话叫"骑（kê⁴）lê⁴蚏（guai²）"，这个蚏指的就是带点贬义的人，即俗话讲的伙记（伙计）、家伙。

DEFG小结

179. DEFG与不同语言的发音比较

英文	恩平方言	广州话	普通话
Dd /di:/	啲di¹，知di³	啲di¹	啲dī
Ee /i:/	依、倚、椅、姨、医yi¹	噎、衣、医yi¹、姨yi⁴	衣、依、医、噎yī
Ff /ef/	e付（负、父、附、腐）e¹ fu⁶	e付（负、父、附、腐）ê¹ fu⁶	ef
Gg /dʒi:/	只、纸、指、煮、知zi¹	之、芝、支、枝、吱、知、滋ji¹	鸡、叽、机、肌、积、基jī

由表看出，DEFG四个英文音都可以用普通话和方言来沟通表达。

DEFG一共用了56个英文单词，从发音表达到译文释义都体现了恩平方言有异于广州话和普通话的表达方式，尤其明显的是，像dear（可爱、娇嗲）、deck来deck去（装饰摆来摆去）、deem（啱档、啱水）、deny（知呦唔知呦）、decease（知死未）、dip（喋）、do（赌）、go（搞、搅）、get out（戎开）、facial（飞扫、菲骚）、food（忽）、fuck（拨开、撩开）、fare（惠、票子）、fashion（花顺）、fellow（灰蟒）、god（葛指神）等等，借用恩平方言来读、来解，让人领略到它不同一般的韵味。

HIJK

H

180. ha /hɑː/ *int.* 哈（表示惊、喜、得意、疑惑等场合发出的声音）

译作哈（喀 hɑ¹），普通话念 hā，广州话念 hɑ¹。

【例】①hɑ，没想到他拿了全级第一。（惊讶）

②hɑ hɑ，今天的天气太好了。（欣喜）

181. had /hæd/（**have** /hæv/ 的过去式）*vt.* 有、具有、经历、遭受

念作乞（hed¹，广州话 hed¹），意为有。

恩平话和广州话讲乞米、乞食，指乞求（请求）别人施舍钱粮财物的意思。乞是一种行为、一种经历，乞到了便等于有了，故乞的发音和意义与英文还是有关连的。当然，话分两头讲，虽然英文"一乞（had）就有"，然而现实告诉我们，要想拥有，不能靠乞，而是要通过艰苦奋斗、自己动手、自力更生去创造。

乞，又意味着贫穷。穷则思变，只要肯努力、肯钻研，用心乞求知识、乞求学问，经历过艰苦、遭受过磨难，你终会拥有，拥有该有的一切。

182. hamburger /ˈhæmbɜːgə(r)/ *n.* 汉堡包

音念坎罢㗎（hɑm¹ bɑ⁶ gɑ⁶），译作馅包嘎（hɑm³⁻² bou³ gɑ³）。

英文 ham /hæm/ 为火腿，burg /bɜːg/ 指村落，ham+burg=hamburg，即火腿加村落得了汉堡的地名，意为盛产火腿的村庄（升级为城堡），hamburg 后面再加上 er [意指者、(……) 人]，那么 hamburger（汉堡包）便成了以火腿（英文 ham）为馅（hɑm³⁻²）做成的包子（bou³ zu¹），换言之，汉堡包是用馅包成嘎——简略一点就是馅包嘎。

恩平人去欧洲旅游，饿了想吃汉堡包，你用乡下话说一声我想要馅包嘎，估计侍应会听得明，给你端上一块热气腾腾的用火腿为馅做成的大包来，比你说"看宝宝"（汉堡包）更直白。

汉堡包奇怪了，它的馅（hɑm¹）是恩平话和广州话才有的，普通话没有 hɑm¹，只有 xiàn。如此说来，"食在广州"的广府人对汉堡包三个字的理解的

确不同一般。

183. hand /hænd/ *n.* 手

念很（hen¹），解作手。

英文hand（很）是手，一出手便变化多端，例如handsome /'hænsəm/（亨顺hang¹ sun⁶）指男子英俊、指女子秀丽；handsome madam /'hænsəm 'mædəm/（亨顺妈砧hang¹ sun¹ ma¹ dem⁶）叫咸水妹；handback /'hænbæk/（很毕hen¹ bed⁶）是交还；handbook /'hæn bʊk/（很仆hen¹ bug⁶）是手册。其中的交还和手册，都与手扯上关系。

184. happy /'hæpɪ/ *adj.* 幸福的、愉快的、高兴的

近似念乞被（hed¹ pi⁶）。

日常用洋腔问人：周末去乃happy啊？就是问：去哪里玩耍作乐？又如，今日参加老同学聚会好乞被（意指同学聚会挺热闹，挺愉快高兴）。

185. hard /hɑ:d/ *adj.* 硬的、坚固的、困难的、努力的

念刻（hag¹），广州话也念hag¹，与英文一致。

刻指刻苦、刻意、苛刻等意思，表示能吃苦、努力下功夫，勇于克服困难，故英文的学习刻苦表达为study hard /'stʌdi hɑ:(r)d/（谐音近似似挞地刻su⁶ tad³ di³ hag¹），工作刻苦表达为work hard /wɜ:k hɑ:(r)d/（近似广州话屈刻wed¹ hag¹），工作学习，功夫想过硬，都离不开刻（hag¹）。

雕刻的刻把"硬而坚固"表现得更突出，因为它是在金属、骨头、象牙、石头等坚硬材料上精雕细琢刻出来的。

186. hard mouthed /hɑ:d maʊðd/ *adj.* 嘴硬的、倔强的

音、意结合记作刻口（hag⁶ hei¹）。

这个英文词组的意义指嘴硬、倔强，而恩平此话的对象主要针对儿童，形容娇声嗲气，扭捏撒娇、软磨硬泡打嘴仗、好强、耍小脾气。

【例】小时候他的性格很偎，刻起口来连他父母都冇细符。（刻起口来即是刻口，冇细符指毫无办法）

187. haul /hɔ:l/ *vt. & vi.* 拖、拉、运送

念拖（hua³），与英文的音近、义同，而普通话拖念tuō，广州话念to¹。

例如恩平话讲拖长、拖延、拖拉、拖泥带水、拖住牛绳、拖着行李箱，用的都是英文的haul音，等同于恩平音hua³。尤其恩平话讲拖拉机，把英文拖、拉、运送的含义都集于一身了。

【例】大黑猫把逮住的老鼠叼到空地上，拖来拖去捉弄了半天，直至老鼠断气一动不动了才停止。

188. hello /həˈləʊ/ *int. n.* 喂！表示问候，打招呼：你好！（您好！）

译为他老或他佬（同念hɑ³⁻² lou¹），广州话哈佬（hɑ¹ lou²），普通话哈啰（hā luō）。

查《古汉语常用字字典》解析，"他"为第三人称代词（后起意义），或作指示代词，如他人、他日、他乡。又如媳妇称丈夫为他爹（孩子他爹的略称）、丈夫称媳妇为他妈（孩子他妈）等等，组词方式都是由（他+名词）构成。

他老的构成也是如此。此处的"老"除了有年纪大的意思外，更多的是对人的一种尊重之称，例如，按姓氏称人老李老王、老吴老梁，一来表示对方比自己有经验，比自己成熟老练；二来把对方当作老乡、老朋友、老熟人。因此在路上问路打招呼，不管对方是他伯他婶他叔他姑，也不管陌生或熟络，姓甚名谁，皆可笼统以他老称之，便有了英文hello（他老），打个招呼，译文谓之"喂！你好！""喂！您好！"

他佬的"佬"字同样体现了恩平方言与众不同的特色，例如：称兄长为大佬，称弟弟为细佬，称别人父母（或别人称自己的双亲）为二佬（老）、两佬（老），称胖哥为肥佬，瘦子为瘦佬，裁制衣服的叫裁缝佬，建筑行业的泥水工叫泥水佬，修理木桶的叫箍桶佬，收买破烂的叫收旧佬，念经做法事的叫喃呒佬，劏鸡的叫劏鸡佬，修补铁锅的叫补镬佬，唱戏的叫戏子佬或大佬官，理发的叫刮头佬，甚至骂人都用上佬，叫死佬、烂佬等等。总之，你清楚对方身份时，就直接称×佬、××佬，不然的话咋办？只能笼统地以他（她）佬代之，恩平方言的hɑ³⁻² lou¹之音就此融入了英文hello/həˈləʊ/声中，它是中性词，没有性别差异，既代表他也代表了她。

普通话和广州话都不能用他老或他佬表达英文的发音，前者成了tā lǎo，后者成了tɑ¹ lou⁵，唯恩平话念hɑ³⁻² lou¹与英文hello的音最接近一致。你说巧（kiu¹、cute）吗？

189. hi-fi /ˈhaɪˈfaɪ/ *adj.* (收音、录音设备等) 高保真度的，高度传真的

按英式发音念作睇fai⁶（hai¹ fai⁶），按美式发音念作睇fai¹（hɑi¹ fai¹）。

hi-fi=hight fidelity，其中 hi 为 hight/haɪ/之简略，意为高等的、高级的、高音调的；fi 为 fidelity /fɪ'delətɪ/ 之简略，意为逼真、保真度，两者结合就成了音响设备的高保真。恩平话念睇 faɪ¹（haɪ¹ faɪ¹）的音与美式发音一致。

190. high /haɪ/ *adj.* **高的、高级的、高尚的、非常的、热烈的**

译作睇（haɪ¹），普通话嗨（hāi），两者的谐音与洋腔一致。

用睇来描述英文的 high，除了表达出非常的、热烈的心情意境和激情场面，还展现了视觉上的好看，因为恩平话把好看说成好睇（好 high）、好好睇（好好 high，指非常好看），睇（haɪ¹）就是 high /haɪ/，原汁原味。当然，这好睇、好好睇的睇也代表了高层次的、较高的水平了。

普通话的嗨（hāi）同样表达了那个群情激昂的震撼场面，睇翻天成了嗨翻天。足球的世界杯、欧洲杯、中超争冠，电视屏幕上会亮出英文 HIGHhhh……的字幕，表示高水平、够刺激，值得睇睇睇，高呼嗨嗨嗨……

191. hinder /'hɪndə(r)/ *vt. & vi.* **阻碍、妨碍**

谐音显哒（hin¹ da⁶），译作田特（hin⁴ dad⁶⁻⁵）。

恩平方言讲的田特（hin⁴ dad⁶⁻⁵）、诈田特（za³ hin⁴ dad⁶⁻⁵），两者意思相同，即诈低（za³ dai³）、诈诈低低（za³ za³ dai³ dai³）之意，说得更明白一点，就是要点小聪明，故意造作、有意装成、诈傻扮懵那一套。其目的就是通过障眼法，设置点小障碍，以防别人一眼看穿内幕。

【例】①他诈田特话肚子不舒服而逃避了这次越野跑。（有意设置障碍）

②他不穷，却田特在朋友面前扮成衰衰寒寒的样子。（掩人耳目，避免别人看清自己）

192. ho-ho /ˌhəʊ'həʊ/ *int.* **感叹之声（表示得意、胜利、吃惊或嘲笑）**

念好好（hou¹ hou¹）的音与洋腔一致，文字可记为呵呵、嗬嗬（hua¹ hua¹）。例如，对于得意、胜利的场合，适宜用好好。甚至于喝倒彩、嘲笑他人都可以用好好（此时为反意）。吃惊则不宜用好好而只能用嗬嗬了。嘲笑他人说声嗬嗬也说得过去。而把得意、胜利说成嗬嗬则不知是褒是贬，含混不清。由此看，这好好的感叹之声呐喊起来还真有点讲究。

对于吃惊和喝倒彩，恩平还有一句类似嗬嗬的表达，即英文 oho /əʊ'həʊ/ 哦嗬（o⁴ hua¹）！

193. hot /hɒt/ *adj.* 热的、烫的

译作渴（hod³），发音与洋腔一致。

渴和热，热和渴是彼此相关的。渴望表示热切的期望。天气热会引起口干口渴。广州话也念hod³，例如一句"天时咁热，偏偏西瓜渴市"，本身就有因热而渴的意思。渴，又指断流、干涸，渴市便意味着货源供应不上，断货了。普通话渴念kě，其发音就没法同洋腔套近乎了。

英文有个词hot dog /hɒt dɒg/，是夹有香肠的餐包，音为渴琢（hod¹ dog¹），译为热狗。

194. how /haʊ/ *adv.* 怎么样，如何、健康状况如何

读音近似好或拷（同念hou¹）。

恩平话个好字可以说是天天讲、日日讲、随时随地讲，如好睇好遛、好吃好住、好香好甜、好诙谐好爽听等等。没想到英文也离不开这个好那个拷，试看下面例子。

英文	英文发音	恩平话近似谐音	词义
1. How are you	/haʊ ɑː juː/	孝阿妖（hou³ a⁶ yiu¹） 好桠优（hou¹ a⁶ yiu⁶）	你好（您好）吗？ 你好（您好）吗？
2. And how	/ænd haʊ/	安好（on³ hou¹）	托福，挺好的
3. How about	/haʊ əˈbaʊt/	拷阿宝（hou¹ a⁶ bou¹）	怎么样
4. How many	/haʊ ˈmeni/	拷炆汝（hou¹ men¹ ni⁶）	多少，几多
5. How much	/haʊ mʌtʃ/	拷抹似（hou¹ mag¹ ci⁶）	多少，什么价钱
6. How do you do	/haʊ duː juː duː/	好肚妖肚（hou⁶ du¹ yiu¹ du¹）	你好（您好）
7. How now	/haʊ naʊ/	拷脑（hou¹ nou¹）	咋回事
8. How so	/haʊ səʊ/	好臊（hou¹ sou³）	为啥，怎么回事
9. Howdy	/ˈhaʊdɪ/	好的（hou¹ di⁶）	你好
10. How do you sing this song	/haʊ duː juː sɪŋ ðɪs sɒŋ/	拷堵妖醒咃是爽（hou¹ do⁶ yiu¹ seng¹ di³ si⁶ song¹）	这首歌你怎么唱

从上述例子不但看出how的妙用，同时也揭示了这样的事实，即一句英文竟可以用恩平方言的字和音近似地表达出来，奇妙不？

195. howl /haʊl/ *n.& vi.*（狼、狗等的）嚎叫、嚎哭、嚎号

译作嚎（hou³），广州话hou⁴，普通话háo，三者其音其义皆与英文接近，指大声叫、嚎啕。嚎字也运用于精神失态的人，例如把受到精神刺激或莫名其妙而出现的嚎哭或嚎号大叫称之为发嚎。

196. hoy /hɔɪ/ *int.* 嗨

译作嗨（hoi¹），与洋腔一致，普通话嗨念hāi或hēi，与洋腔相差较远。

嗨作为拟声词、叹词，其音其义与英文同，比念嗨（普通话hē、广州话ho¹、恩平话hua¹）更接地气。乡间牧童赶牛、农夫用牛犁地耙地常会大喝一声嗨。小孩吵闹打架，大人也会严厉喝一声嗨叫停。像这样的英文词，乡里人谁都会说，可是若非挑明，就不一定知道洋人也这么吆喝的吧！

是故，英文hoy与其解作嗨（hē）还不如解作嗨（hoi¹）哩！

197. hula-hula /'huːləˈhuːlə/ *n.* 呼啦圈舞

用普通话译作呼啦呼啦（hū la hū la）和恩平音念作土啦土啦（hu¹ la¹ hu¹ la¹），两者都与洋腔接近。（而用恩平话念呼啦呼啦成了fu³ la¹ fu³ la¹，用普通话念土啦土啦成了tǔ la tǔ la，两者均少了一半洋腔味。）

198. hum /hʌm/ *vt. & vi.* 发出嗡嗡声、哼唱

按谐音记作坎（ham¹）或陷（ham⁶）。

拿这个英文单词说事，与发出嗡嗡声和哼唱的词义无关，只是想借用其谐音来说说咳嗽那回事。

恩平话讲咳得厉害，有两种拟声表达，一是咳到妗噤声（kem⁶⁻⁵ kem³ xiang³），一是咳到陷坎声（ham⁶⁻⁵ ham¹ xiang³），陷（ham⁶⁻⁵）音和坎（ham¹）音都近似于英文的hum /hʌm/，不同的是，恩平话陷坎的凄厉咳声与嗡嗡声、哼唱声不同。

199. human /ˈhjuːmən/ *n.* 人、人类 *adj.* 人的、人类的

念作晓敏（hiu¹ men⁶），音近。

英文human这个词里有个man /mæn/，恩平方言习惯把它念作炆（men¹），比广州话读蚊（men¹）更接近洋腔。man指男人、成年男子，亦指人、人类，因此炆（men¹）与蚊（men¹）示意为人。例如，广州话叫小童作细蚊仔、叫老爷爷老公公作老蚊公，叫老奶奶老婆婆作老蚊婆，里面都有个蚊字，换成恩

平话就成了炆。

human这个词由（hu+man）组成，因重读在前面的hu /hjuː/，后面man /mæn/的发音便降为men⁶，故念晓敏（hiu¹ men⁶）而不是晓炆（hiu¹ men¹），是啊，人类的聪敏非炆、蚊可比！

200. humor＝humour /ˈhjuːmə(r)/ *n.* 幽默、幽默感、诙谐 *adj.* 幽默滑稽的
记为晓码（hiu¹ ma⁶），音近。

前面的一个单词晓敏human指人类，这个晓码humor指诙谐幽默。据言将humor译为幽默是出自大文豪林语堂先生的灵感。幽默之所以成晓码，大概是源于平常的语言里含有诸多有趣的、好笑的、意味深长的乃至令人捧腹、让人喷饭的"密码"的原故吧！

201. hunger /ˈhʌŋɡə(r)/ *n.* 饿、饥饿 *vt. & vi.* （使）挨饿
念啃架（hang¹ ga⁶⁻⁵），音近。

饥饿到了连木头架子都够胆啃（hang¹）够胆吃，说明饿得很厉害。

202. hurly-burly /ˈhɜːlɪ bɜːlɪ/ *n.* 骚乱、闹腾、喧嚣
按谐音及词义记作可利暴力（hua¹ li⁶⁻⁵ bou⁶ leg⁶）。

有借故为某一利益而采取暴力手段，起哄闹事引起骚乱之意。此词如果用普通话念作何理暴力（hé lǐ bào lì），其音亦顺，其义亦通。

203. husband /ˈhʌzbənd/ *n.* 丈夫、管家
念哈士笨（ha¹ su⁶ ben⁶），音近似。

男人笨吗？身为丈夫、管家，你或许会醒悟到作为男人大丈夫，不应当有任何大男子主义，反过来应当绅士一点，谦虚低调一点，因为你身上未必事事聪明睿智，可能也蠢过、笨过，要不，怎么会由绅士变成哈士，再加个笨字成了哈士笨呢？丈夫们，哈士笨们，认了吧！兴许真正当家的半边天会更加拉裤妖——love you，爱您！

204. hymen /ˈhaɪmən/ *n.*（解）处女膜，又解作希腊神话里婚姻的神
译作太门（hai³ mon⁴）。

恩平方言表达女性的阴门用了一个屄字，普通话念bī，恩平话有两种读法，一念太（hai³），一念必（bid¹），口语又习惯把两者合在一起念成太必（hai³ bid¹），意思和单独的太和单独的必一样。

英文 hymen /'haɪmən/ 的词义解作处女膜，用恩平话解释，太门等于是阴门外面的一道门。处女膜的中文定义，指阴道口周围的一层薄膜（带一个不规则的小孔），这膜就是门。

由此看，用恩平话译为太门其音其义都与英文高度一致，这是普通话和广州话无法表达的。从另一个角度看，这也给恩平方言为什么口语习惯讲太而少讲必做了注解，因为英语 hymen 的前音节 hy- /haɪ-/ 也只是用到太（hɑi¹）而未见它用必（bid¹）。

还有，按照民间的旧传统观念，处女膜完好与否被看成是衡量贞节、贞操的一种标准，完好表示贞洁；破处、未婚失身被视为欠贞操。把生殖器官看得这么神圣，这同希腊神话里把 Hymen 解作"婚姻的神"是一致的。汉语太门两字的古老和深奥可想而知。

205. hypertension /ˌhaɪpəˈtenʃn/ *n.* 高血压、过度紧张

其音近似太怕诊肾（hɑi³ pɑ³ cen¹ sun⁶）。

科学界、医学界不断证明，食盐过量对肾脏和心脏不利，会引起肾病、高血压。疾病可防可治，譬如发现肾有毛病，就要求医诊治，不要怕，太怕就会自添精神压力，造成过度紧张，助长了高血压。为此，记住这个英文单词，既然高血压、过度紧张等同于太怕诊肾，那就要注意保健、勇于面对啰！

I

206. I /aɪ/ *pron.* 我（主格）

恩平音译作挨（ɑi³），普通话 āi，广州话无此音。客家方言的我念偓（ngɑi²），去掉前面的鼻音 ng，剩下的 ɑi 就是英文的 I /aɪ/，与恩平话的 ɑi³ 和普通话的 āi 相同。所以，你听客家人讲"偓是客家人"（ngɑi² he⁴ hɑg⁵ gɑ¹ nɑin²），偓（ngɑi²）音就含有英文的 I（挨）音。

207. idea /aɪˈdɪə/ *n.* 想法、主意、思想

念挨啲吖（ɑi¹ di¹ ɑ⁶）。

在商量、讨论问题时，如果对方用半唐番向你抛出一句"你有咩（什么）挨啲吖？"意思就是问你有什么好主意？有什么高招？如果你给出个满意的答

复，对方会高兴地用英文赞一句"OK! Good idea"/ˌəʊˈkeɪ ˌɡʊd aɪˈdɪə/，恩平话就是"噢K，骨挨哟吖！"（意为好主意）

208. immigrant /ˈɪmɪɡrənt/ *n.* 移民

其音其义近似移美加邻（念 yi⁴ mi⁶ ɡɑ⁶ len⁶）。

为什么把移民看成是移美加邻呢？原来侨乡人乃至国人申请出国，有一项叫移民，其定义为：居民由一地或一国迁移到另一地或另一国落户。那么，如果移民去的是美国加拿大（简称美加），岂不就是迁移到美加当个邻居、亦即移美加邻的意思了吗？

209. inch /ɪntʃ/ *n.* 英寸，吋

照念英文发音，译作英寸（yeng³ cun³）或吋（cun³），普通话 yīng cùn 或 cùn，广州话 ying³ qun³ 或 qun³。

英寸、英尺是英、美制长度单位，1英尺=12英寸=12×2.54公分=30.48公分=0.3048米。

我国的长度单位是尺（ciaɡ³）和寸（cun³），1尺=10寸=1/3米=0.3333米=33.33公分。

210. index /ˈɪndeks/ *n.* 索引、标志、指数

近似念英凸士（yeng³ ded⁶ su⁶）。

我们看书看论文要查阅文献参考资料，需要依靠英凸士，此时指索引；而在股票、证券市场看到的英凸士，则是指指数。

211. innovate /ˈɪnəveɪt/ *vt.* 改革、创新

普通话近似念茵哪委特（yīn nǎ wěi tè）。

在改革开放年代，改革——茵哪委特这个英文动词在英文报章杂志和口语中比以往更加频繁出现，另一个是名词改革（见下一行）。

innovation /ˌɪnəˈveɪʃn/ *n.* 改革、革新、创新、发明

念作茵哪委闪（yīn nɑ wēi shǎn），作名词解作改革、创新、发明。

212. island /ˈaɪlənd/ *n.* 岛、岛屿

念挨邻（ai¹ len⁴）。

这个单词的后音节 land /lənd/ 为陆地、土地之意，把 island /ˈaɪlənd/ 译为挨邻，意味着自己的土地眼看挨着大陆实则隔海为邻成了孤岛，成了岛屿。

J

213. jack /dʒæk/ *n.* 千斤顶，起重器

记作积（念渍 zeg¹）。

搞机械和搞汽车维修的工人师傅，习惯称千斤顶为积（zeg¹）或挤筒（zeg¹ hung⁶⁻⁵）。

214. jacket /ˈdʒʌkɪt/ *n.* 茄克、夹克、短上衣

谐音近似夹奇（夹用普通话念 jiā，奇用恩平话念 ki⁴，合体念 jiā ki⁴），通译记作茄克或夹克（jiā kè）。广州话将其译作啫展（zég¹ kég⁶），比较生硬。夹奇、茄克、夹克是指长短只到腰部，下口紧束的短外套，即英文指的短上衣。

215. jam /dʒæm/ *vt.* 把……挤进、把……揳进、使……塞紧

译作枕（zim¹）或占（尖、针 zim³）。

当木工师傅需要把两块木头接驳在一起的时候，先要把其中一块挖一个凹槽或凿出一个口（叫榫口 sud¹ hei¹），把另一块做一个凸起——叫榫（sud¹）或榫头（sud¹ hei⁶），然后将榫头用力逼进榫口让两者亲密固紧，这一组合叫笋口（sun¹ hei¹），而用力逼进指的就是英文的 jam，恩平话叫枕紧、枕实，或占紧、占实。

新做成的笋口做得不够牢固或旧笋口用久了出现松动，木工师傅会采取对策，用削尖的木片、竹片硬生生往笋口的空隙塞，夹硬塞、夹硬揳，换个讲法叫枕入去、占入去，枕、占便是洋腔的 jam /dʒæm/。

此外，像桌子、椅子的腿脚不平，可以用木块、石头瓦片或铁片将其垫平，可以讲揳平佢，亦可以用英文讲 jam（枕、占）平佢。

216. jar /dʒɑː(r)/ *n.* 罐子、啤酒杯

念碴（zɑ¹），饮啤酒用的罐子或杯子。

【例】啤酒可以一碴一碴地喝。

217. jazz /dʒæz/ *n.* 爵士乐

普通话译作爵士乐（jué shì yuè），恩平话念喷士（zɑg¹ su⁶）的音与洋腔更接近。

218. jeans /dʒiːnz/ *n.* 牛仔裤

念剪士（zin¹ su⁶）。

上面的jazz——喷士（zag¹ su⁶），喷出的是爵士乐，这儿的jeans——剪士（zin¹ su⁶），裁剪出来的是牛仔裤。

219. jeep /dʒiːp/ *n.* 吉普、吉普车

普通话译作吉普（jí pǔ），音近，广州话吉普念成ged¹ pou²，恩平话念ged¹ pu¹，都丢了洋腔味。恩平话念袛蒲（ji¹ pu⁴）则与洋音近。

220. jelly /ˈdʒelɪ/ *n.* 果冻，胶状物

念嗻里（zia¹ li⁶）的音最接近，普通话也适用嗻里（zhē lǐ），而广州话译作啫喱（zé¹ léi¹⁻²）。

221. jet /dʒet/ *n.* 喷嘴、喷注、喷射　*vt. & vi.* 喷出、射出

译为挤（念渍zeg¹或念折zid¹），与洋音接近。

喷雾器的筒体叫挤筒（zeg¹ hung⁶⁻⁵或zid¹ hung⁶⁻⁵），把挤筒里的药水药液喷射出来叫作挤出来（念zeg¹ cud¹ loi⁶或念zid¹ cud¹ loi⁶）。挤牙膏（zid¹ nga⁴ gou³⁻²）就是让牙膏从筒里注出、射出之意。

222. job /dʒɒb/ *n.* 职业、职位、职责、工作、零活

译作执（念zeb¹或zab¹）。

执本身代表从事的职业及工作，例如执业、执教、执导、执勤、执照等等（此处的执念zeb¹）。此外，恩平话还把执（念zab¹，指工作）同报酬、收获、效益挂上钩了，表示干工作干零活应得的回报。

【例】①他下岗后，勤力去打零工，志在执返多少来补贴家用。（表明临工是一份临时性但是带有效益的工作）

②那店铺搞促销，人头涌涌，不明内里的人以为有得执。（以为有什么便宜好捞）

③广州话讲意外捡了便宜叫执死鸡。

真没料到，我们日常说的执来执去（zab¹ loi⁴ zab¹ hui³）被英文执（job）成了职业和工作。有执即有事业，有效益叫有得执。

223. joint /dʒɔɪnt/ *n.* 接合、接头、榫头　*vt. & vi.* 连接、联结

念转（zon¹）音较接近，普通话zhuǎn，广州话jun²。

前面讲cap/kæp/时已出现过这个joint（zon¹）音，它能解释为什么恩平话会把帽子讲成"转"（zon¹）。

叫作"转"的这种帽子，古老而特别，它由单层比较厚的棉布制作，也可以用两层较薄的棉布夹起来，在两层布之间塞上棉花来制作。整个帽子包括帽盖和披肩两部分。帽盖的形状做成狮子头状，顶部有明显的两只大耳朵。帽盖的下沿留有与披肩相连接用的扣钮的位置，以便将帽盖和披肩两部分连接成一体，这个连接便是英文说的joint，恩平方言说的"转"。

这种帽子除了叫转，还可以叫唫转（geb¹ zon¹）或扱转（keb¹ zon¹），译回英文便是cap joint /kæp dʒɔɪnt/。扱（cɑp）指帽子、便帽，转（joint）指连接，这样，扱转便有了"该帽子由帽盖和披肩连接而成"的特定意思。把扱转的扱字省略，便简称为转了。这一来，本称扱转的帽子，也被简化为转，还成了各种帽子的通称。

说起恩平话的转，有这样一个小故事：一位姓梁的工程师，南海西樵人，在恩平工作多年，一次他带了三四岁大的小女儿回原籍过春节，小女儿由姑姐陪着玩，那天小家伙缠着姑姐，嚷着"可辆转""可辆转"（"可"是拿、取的意思），要姑姐把转给她。姑姐莫明其妙，大冷天吊扇风扇都没开，哪里有东西转？闹了半天，等梁工回来，才知道小姑娘要找的是她那顶漂亮的雪绒帽子。从此，讲广州话的姑姐知道恩平话讲的"转"是指帽子，"可辆转"是拿顶帽子的意思，是恩平的土话兼洋腔。

还有，这转的功能不同于一般的帽子，一是它的布料比较厚，夹层又有棉花，戴起来很暖和；二是它连着披肩，不但头部保暖，连后颈背和肩背都被保护起来了；三是它使用比较灵活，大冷天就帽盖和披肩一起用，不太冷时可卸下披肩。

由此引发联想，这种富有乡土特色的转莫非由前人从北方带来南方？此谜可解，因为北方寒冬季节长，气候比南方冷，而这种带披肩的转帽最适宜那个天寒地冻的环境啊！可惜的是，如今在农村、在城镇难得一见这种转了，否则，你完全可以从帽子和披肩的外形和连接方式中体会到英文joint与中文转的含义。又，如果把这个joint（转）的故事说给英美的朋友听，不知他们有何感想呢？

224. joke /dʒəʊk/ *n.* 笑话、玩笑　　*vi.* 开玩笑、戏弄、说着玩、闹着玩

一译为咒（zou³，广州话zeu³），二译为造（zou⁶），皆与洋音近。

英文joke解作玩笑、开玩笑、戏弄、说着玩，中文的咒和造有类似意义。

在汉语里，咒字和祝字是会意字，口出善言为祝，口念恶语为咒，两者皆从嘴出（指都带有个口），故咒字组词如咒语、咒骂、诅咒、符咒等皆从口出，带有开玩笑、闹着玩、戏弄的性质，例如，那人做事阴险毒辣，难怪众人异口同声说咒死佢就啱——意为咒骂、作弄、扳倒他才好。

造字同样带有个口，土话里说的口造造、造衰佢，都带有嘴巴说着玩、作弄、戏弄的意思。

225. Jolmo Lungma /'dʒɒlməʊ 'luŋmɑː/ *n.* 珠穆朗玛（峰）

英文把中国喜马拉雅山的主峰珠穆朗玛峰（zhū mù lǎng mǎ fēng）译作Jolmo Lungma，恩平话谐音念作朝摸趸马（ziu³ mo¹ lɑn¹ mɑ⁶）。要征服世界最高峰，有朝一日机会来了，你摸去趸马趸马看。

226. jump /dʒʌmp/ *n.* 跳、跃　　*vt. & vi.* 跳跃

谐音念浸（zem³），记作斩（zam¹）。

【例】①篮球比赛的挑球，英文称jump ball /dʒʌmp bɔːl/，恩平话叫斩波。
　　　②打篮球时跳投，英文称jump shot /dʒʌmp ʃɒt/，恩平话叫斩䄂。
　　　③田径赛场上跳高，英文称high jump /haɪ dʒʌmp/，恩平话叫睇斩。

K

227. kaiser /'kaɪzə(r)/ *n.* 皇帝

普通话译作凯撒（kǎi sā），又称凯撒皇帝。恩平话念启莎（kɑi¹ sɑ⁶），与洋腔也近似。

228. kaoliang /ˌkəʊ'lɪæŋ/ *n.* 高粱

汉语的高粱（gāo liáng），被英文念作靠璃晏（恩平话谐音 kou³ li³ ɑn¹）。

229. kaolin(e) /'keəlɪn/ *n.* 高岭土、瓷土

念作扣亚莲（kei³ ɑ³ lin⁴）。

高岭土、瓷土，是烧制瓷器用的较纯净的黏土，因产于我国江苏省高岭一带而得名。恩平话说的高岭（gao³ liang⁶），普通话念gāo lǐng、广州话念gou¹ ling⁵，被英文记作kàolin(e)，恩平音为扣亚莲。

230. kaoshan /ˈkəʊˈʃæn/ n. 高山族、高山族人

念作靠山（kou³ san³）。

高山族是我国台湾省的一个少数民族，同把高粱的高、把高山族的高译为靠一样，英文把高山译为了靠山 /ˈkəʊˈʃæn/。高山族同胞主要聚居在我国台湾（省）中部山区、东部纵谷平原和兰屿岛上，高山、靠山都带有地理环境的含义。

231. kayo /keɪˈəʊ/ vt. & n. KO，（拳击中）击倒

念KO，近似扣噢（kei⁶ ou¹），为美国俚语，击倒之意。KO还可以念成单音㩒（kog¹），拳击赛中出现㩒，裁判判定出手㩒的一方胜，被㩒倒的一方负。

232. khaki /ˈkɑːki/ n. 土黄色、卡其布，卡其布做的

译作卡其（ka¹ ki⁴），与洋腔一致。

普通话亦用卡其，但发音为 kǎ qí，广州话卡其则念为 ka¹ kéi⁴，都表达不出洋腔的 ki（其）音。

普通话还将其表达为咔叽（kǎ jī），同样缺ki音。卡其（咔叽）指一种质地较厚较密的土黄色斜纹布，用此布做成的上衣和裤子分别叫卡其衫、卡其裤，黄色是其特征。

233. kick /kɪk/ vt. & vi. 踢

恩平话念 keg¹ 音与英文一致，文字表为踢（keg¹），其义也一致。与英文不同的是，恩平方言的踢还可以念 piag³ 或 teg³。

【例】①他不小心被石头踢倒（keg¹ dou¹），摔了一跤。

②教练一脚踢走（keg¹ zei¹）场边的矿泉水瓶发泄怒气，被当席裁判罚上了看台。

③旧时乡间儿童在地面玩一种用脚踢（此处念 piag³ 或 teg³）瓦片的游戏，名称叫踢子（keg¹ zu¹）或踢人头（teg³ ngen⁴ hei⁶）。

上述例子中的 keg¹ 等同于用英文的 kick /kɪk/。

234. kilo /ˈkiːləʊ/ n. 千克（公斤）、千米（公里）

/kiː/ 音为恩平话在屋企（指在家里，音念 zoi⁶⁻⁵ ug¹ ki¹）的企（ki¹），/ləʊ/ 音为去乃遛（指去哪里玩，音念 hui³ nai¹ lou⁶）的遛（lou⁶），故 kilo 可记为企遛（ki¹ lou⁶），亦即去屋企遛（hui³ ug¹ ki¹ lou⁶）的企遛（ki¹ lou⁶），代表千克、千米。

235. kilogram /ˈkɪləɡræm/ *n.* 千克

由 kilo+gram 组合而成，读音近似企力架蓝（ki¹ leg⁴ ɡɑ⁶⁻⁵ lɑm⁴），表示千克、公斤。

236. kilometer /ˈkɪlɒmiːtə/ *n.* 千米

由 kilo+meter（或 metre）组成，读音近似企喇味叉（ki¹ lɑ⁶ mi⁶ cɑ³），意为千米，公里。

237. king /kɪŋ/ *n.* 国王、君主、皇帝、大王

念顷（keng¹），与洋腔一致。

顷是国王、大王、君主、皇帝，乡里人用扑克牌玩"斗大"，手里有王，出牌时有人说出只王，有人说出只顷，一孖王是两只顷，三个顷就是三条王，四条王又叫两孖顷……

238. kingdom /ˈkɪŋdəm/ *n.* 王国、领域、界

念顷砧（keng¹ dem⁶），与洋腔接近。

顷砧能表示王国、领域、疆界吗？解释：顷既是国王，顷又是面积单位，一百亩叫一顷；砧指有园形边界的铁砧、木砧、砧板。顷砧成了方圆不过百亩的地方。原来世上的小王国、独立王国在地球版图上就像国王站在砧板上，小得还真是那么回事！

239. kingship /ˈkɪŋʃɪp/ *n.* 亲属关系、类似、近似

念顷涉（keng¹ sib⁶），与洋腔近乎一致。

顷涉指涉及这方圆不过百亩的小王国内的诸多关系，很明显就是亲属关系。我们日常说的皇亲国戚，不就明显的类似、近似于顷涉吗？

240. kiss /kɪs/ *n.* 吻 *vt. & vi.* 吻、接吻

念决事（kid¹ su⁶），音近。

解作吻、接吻。原来接吻可以看成是"决定亲嘴那么回事"——决事。

241. knead /niːd/ *vt.* 捏、揉、按摩

音近似呢—哒（ni¹ dɑd⁶），文字译为捏——恩平话 nib¹、普通话 niē，发音与洋腔接近，它包含了捏、揉、按的意思，与英文同。

【例】①奶奶哄孙子入睡喜欢给他捏背脊。（轻揉、按摩之意）

②幼儿园老师教小朋友捏泥团、捏泥人。（捏、揉）

242. knob /nɒb/ *n.* (门、抽屉的）球形把手、手柄、机件的旋钮

发音近似诺（nog¹），或鳄（ngog¹），音、义都与英文近。

例如，土话叫大门的圆形把手为门诺（men⁶ nog¹）或门鳄（men⁶ ngog¹）；把收音机、录音机、仪表等仪器设备用于调频、调音的旋钮或开关叫诺（nog¹）或鳄（ngog¹）。

243. know /nəʊ/ *vt. & vi.* 知道、懂得、了解、熟悉

译作脑（nou¹），解作动词知道、懂得、了解、熟悉。音与英文一致，义相连。

人的大脑管住全身知觉、运动、思维和记忆等活动，有脑就会知道、就会理解，才能弄懂、熟悉一切人和事。反过来，说某人冇脑，就等于说他无知，像个傻子。

英文有句 I know /aɪ nəʊ/，译为土话就是挨脑（ai³ nou¹），紧挨着自己的脑袋，说明用脑思考了，所以英文 I know 便有了我知、我懂、我明白、我了解等意思。

还有句 I do not know /aɪ du nɒt nəʊ/，土话译为挨堵捻脑（ai³ du¹ nad¹ nou¹），堵是堵塞、捻是按住，脑瓜被堵被按，不好使了，变不灵了。挨脑是我知我懂，挨堵捻脑变成我不知我不懂了。

还值得一提的是，I do not know 写为 I don't know /aɪ dəʊnt nəʊ/ 时，挨堵捻脑的读音变成了挨督脑（ai³ dug¹ nou¹）。从字面可知，这个挨督脑把脑袋给监督住，督管住，思路限死了，它等同于挨堵捻脑，同样是不知、不懂的意思。

244. knowledge /ˈnɒlɪdʒ/ *n.* 了解、理解、见闻、知识、学问

记作诺列治（nog¹ lid⁶ zi⁶）或脑力治（nou¹ leg⁶ zi⁶）。

英文的 know（音脑，动词，解作知道、了解、懂得）后面加个名词 ledge（音列治，解作矿脉、暗礁、壁架）组成单词 knowledge（音诺列治或脑力治），在洋人看来，只有了解高山（矿脉）、大海（暗礁）和家庭（壁架、书橱）才算是有知识、有学问。诺列治、脑力治意味着有学问、有知识，才能治高山治大海，才能治人治天下。

245. Korea /kɔːˈrɪə, kəˈrɪə/ *n.* 朝鲜，韩国

源自汉语的英文外来词，叫高丽（普通话 gāo lí，广州话 gou³ lei⁶，恩平话 gou³ lai⁶⁻⁵）。高丽是朝鲜半岛历史上的一个王朝，公元918年至1392年的王氏高丽叫高丽王朝。如今，从朝鲜、韩国进口的鹿茸人参什么的，仍被习惯称

为高丽茸、高丽参。

246. Kowloon /ˈkaʊˈluːn/ n. 九龙

九龙这个地方名出自广州话 geo² lung⁴，九龙隶属香港特别行政区，恩平话叫 gei⁴ lung⁴，同广州话一脉。普通话念 jiǔ lóng，其中的 jiǔ 音，把恩平话的九（同狗音，念 gei¹）和广州话的九（同狗音，念 geo²）变成酒了（普通话的久与酒同音，念 jiǔ）。

247. kowtow /ˈkəʊˈtəʊ/ vi. 叩头，卑躬屈膝、唯命是从

源自汉语叩头（普通话 kòu tóu），是古时流传至今的一种礼仪，包括恭敬、谦虚有礼的叩头和带有奴颜婢膝色彩的叩头。

广州话叩头念 keo³ teo⁴（恩平话念 kei³ hei³），由此可知洋腔与普通话和广州话的发音基本一致，属"汉为洋用"典例。

248. Kunlunshan /kʊnˈlʊnˈʃæn/ n. 昆仑山

昆仑山，位于我国新疆、西藏和青海的一座大山。

普通话念 kūn lún shān，广州话 kuen¹ lên⁴ san¹，恩平话比较特别，昆字既可念坤音（kun³），又可念均音（gun³），所以既可念 kun³ lun⁴ san³（坤仑山）又可念 gun³ lun⁴ san³（均仑山＝昆仑山）。

249. kylin /ˈkiːlɪn/ n. 麒麟

恩平话念麒麟（ki⁴ len⁴），其音其义与英文一致，普通话念 qí lín、广州话念 kêi⁴ lên⁴，都变调了。

麒麟乃我国古代传说中的一种有角、有尾、有鳞甲的吉祥物，雄性称麒，雌性称麟。

HIJK 小结

250. HIJK 与不同语言的发音比较

英文	恩平方言	广州话	普通话
Hh /eɪtʃ/	呕似、呕噬（ei¹ ci⁶）		
Ii /aɪ/	挨、唉、哎（ai¹）		爱（ài）挨、哎（āi）
Jj /dʒeɪ/	走、酒（zei¹）		
Kk /keɪ/	扣、寇、沟（kei³）		剋（kēi）

由上表看出，恩平方言可用文字读出HIJK四个音，普通话应对了两个，但无H和J音，广州话则找不到合适口音的字表达。

❶像hinder（田特）、hymen（太门）、immigrant（移美加邻）、jack（积）、jam（枕、占）、job（执）、joint（转）、khaki（卡其）、kick（踢）、knob（诺）、know（脑）、king（顷）、kylin（麒麟）等单词，从发音到词义都体现了恩平方言有别于广州话和普通话的表达方式，土话与洋腔的交融体现得更贴切、可信。

❷从中发现，英文把带g字首的汉文地方名译为英语时，习惯将g字首译为k字首，示例如下：

高粱（普通话gāo liáng，恩平话gou³ liong⁴）　　kaoliang /'kəu'lıæŋ/

高岭（普通话gāo lǐng，恩平话gou³ liang⁶）　　kaolin(e) /'keəlın/

高山（族）（普通话gāo shān，恩平话gou³ san⁶）　Kaoshan /'kəu'ʃæn/

高丽（普通话gāo lì，恩平话gou³ lai⁶⁻⁵）　　　　Korea /kɔ(:)'rıə，kə'rıə/

九龙（广州话geo² lung⁴）　　　　　　　　　　Kowloon /'kəu'lun/

　　（恩平话gei⁴ lung⁴）

广州（广州话guang² zeu³）　　　　　　　　　Kwangchow /'kwæŋ'tʃəu/

　　（恩平话gong¹ ziu³）

昆仑山（恩平话gun³ lun⁴ san³）　　　　　　　Kunlunshan /'kʊn'lʊn'ʃæn/

LMNOPQ

L

251. La /lɑ:/ *n.* 音乐简谱七个唱名之一

念啦（lɑ⁶、lɑ¹）。

指音乐简谱1（do）2（re）3（mi）4（fɑ）5（sol）6（lɑ）7（si）中的6（lɑ），低音为lɑ⁶，高八度为lɑ¹。

252. lack /læk/ *n.* 缺乏、不足、没有　*vt.* 缺乏、缺少

近似肋（lag⁶、lag¹）。

英文把lack（肋）解释为缺乏、缺少、不足、没有，与恩平方言肋的意义有关联之处。肋的本义指肋骨，胸壁的两侧叫两肋，有肋骨、肋膜。例如讲

某人两肋（liong¹ lag⁶，即两肋）得棚骨，是指某人很瘦，身上不长肉，显得缺乏力量。旧时的杂货店，出售过一种名叫风肋（fung³ lag¹）的咸鱼，身扁而薄，没有多少肉，形如纸做的风筝，所谓"风肋"，隐喻某种缺陷、缺失、不足，难怪其价格比较低贱。

253. lady /ˈleɪdɪ/ *n.* 女士、夫人、小姐

译作骊地（lei¹ di⁶）。

用英文演讲、祝酒，开场白少不了那句 ladies and gentlemen /ˈleɪdiz ən ˈdʒentlmən/，听起来像极了恩平音骊地是晏展粗鲁敏（lei¹ di⁶ si⁶ an³ zin¹ cu³ lu⁶ men⁶）。反过来说，如果把这句恩平话快速连贯地念给懂英文的人听，估计对方会领会它就是："女士们、先生们，大家好"的意思。话里的骊地是（ladies）便是骊地（lady、女士、夫人、小姐）的复数表达形式，指女士们。

254. lama /ˈlɑːmə/ *n.* 喇嘛

音念拉马（lɑ¹ ma⁶），记为喇嘛（普通话 lǎ ma，恩平话 lɑ³ ma¹），喇嘛一词起源于藏传佛教，是对蒙、藏佛教僧侣的称呼，此英文词属出口转内销之列。

255. lame /leɪm/ *adj.* 跛的、废的、瘸的

发音念溜玛（lei¹ ma⁶），与洋腔近，文字记作冧（lem³）。

恩平话讲冧既有跛的、瘸的意思，又有崩溃、倒下、废了的意思，含意与英文接近。

例如，跛足叫冧脚（lem³ giog³），驼背叫冧腰（lem³ yiu³），弯着腰一瘸一拐地走叫冧住条腰行路，一堵墙崩塌叫冧墙，店铺生意倒闭叫冧档，等等。

256. land /lænd/ *n.* 陆地、土地、地面、国土、陆标、界标

英式发音念跶（lan¹），美式发音念䁖（len¹），两种发音只相差那么一点点。但是无论念跶还是念䁖，都容易牵扯到恩平方言讲的卵和䁖（分别念 lon¹、len¹ 或笼统称 len¹）。

英文 land 指土地、国土、国界。恩平方言的卵、䁖不同，它指人体的私密部位，例如男性的阴茎叫䁖（len¹），睾丸子叫䁖蛋或卵蛋（念 len¹ dɑn⁶⁻⁵），故往往说起卵或䁖这两个字有使人觉得脸红、粗鄙下流的感觉。

其实不然！先说卵（lon¹），它是雌性动植物的生殖细胞，与雄性的精子

结合后产生第二代。卵又称为蛋，如鸡、鸟、蛇、龟的卵分别称为鸡蛋、鸟蛋、蛇蛋、龟蛋。膦则代表人类的生殖器官睾丸和阴茎，担负着传宗接代、繁衍子孙的任务，世界上就有民族把生殖器官当神灵来膜拜的记载。如此说来，这个卵字和膦字的古老真实意义，只不过是一种原生态的表达，本身是神圣而不是卑俗的字眼，没有它，万物不复存在。

由恩平话的卵（lon¹）、膦（len¹）、跣（lɑn¹或lɑn⁶）说回英文的land /lænd/，它的词义指国土、陆地。土地，是一个国家的界标；土地，是人类和动植物赖以寄宿生存的地方，没有land，人和万物同样不复存在。

如此说来，land与卵（lon¹）和膦（len¹）不但发音相近而且含义也相近，两者虽然在不同的国家和地区使用，但是语音听得出来，明显有英中有汉、汉中有英、缠绵交汇的感觉。

例如：

landing /'lændɪŋ/ n. 登陆、着陆	念跣定（lɑn¹ deng⁶），美式念卵（膦）定（len¹ deng⁶）
landlady /'lændleɪdɪ/ n. 女房东、女店主	念成卵漏地（len¹ lei⁶ di⁶）
landlord /'lændlɔːd/ n. 地主、房东、店主	念为卵捋（len¹ lod³）。
landmark /'lændmɑːk/ n. 界标、目标、里程碑	念为卵唛（len¹ mɑg⁶）
landmass /'lændmæs/ n. 大陆	念卵密（len¹ med⁶⁻⁵）
foreland /'fɔːlənd/ n. 低岬、角、海角	念伙膦（fuɑ¹ len⁶或美式 fuɑ¹ len¹）
garland /gɑːlənd/ n. 花环、花冠、花圈	念寡膦（gɑ¹ len⁶）
mainland /'meɪnlænd/ n. 大陆、本土	念谋跣（mei¹ lɑn⁶）
overland /'əʊvəlænd/ adj. 陆上的、经由陆路的	念奥伙跣（ou¹ fuɑ⁶ lɑn⁶），美式念奥伙膦（ou¹ fuɑ¹ len¹）

由上述诸例看出，英文land无论放在前音节还是放在后音节，都念出近似恩平方言的跣（lɑn¹或lɑn⁶）音、卵（lon¹）和膦（len¹）音，估计包括英、美等国会说英语的人在内，不一定明白这卵、膦还与生殖器有关系，或是即便知道了，基于尊重事实，也不一定一说到land便会脸红。

接下来，我们可以平心静气地正视恩平话里那几句被视作"丑听"的"实话"了。

英文那句 landmark（卵唛），解作界标、里程碑，乃指标记。恩平方言有句卵（膦）唛（len¹ mɑg¹），指一个人的外貌、派头、熊样子、鬼模样，也是标记。

恩平方言有句"卵（膦）头唔知卵（膦）尾"，套上英文成了"land 头唔知 land 尾"，直解是"大地的这一头不知大地的那一头"，亦即是对事情一知半解，没弄清头尾。

代表古老、原生态的《关中方言》那句然兮（rán xī），意为事情麻烦，没有头绪，换作恩平土话叫嗯卵屎（og⁶ len¹ si¹），两者有点"然并卵"的关系。其中卵屎（len¹ si¹）的表达尤如耳屎（ngi¹ si¹）鼻屎（bi³ si¹），表示客观量小，故卵屎咁多同眼屎咁多、耳屎咁多、鼻屎咁多、牙屎咁多是同一个意思。如果把卵屎套上英文，便成了 land 屎，直解是"茫茫大地里那么一点尘土"，也是微小的意思。

无独有偶，客家方言也有一句用来描述窝囊、无能、无作为的话，叫作"无屩用"（mo² lin³ yung⁴），其中屩（lin³）的音、义与恩平方言的膦（len¹）似乎同属一脉。

一气说来，恩平方言被认为粗话的卵、膦和英文的 land 竟还连带出这么些蛛丝藕连的关系，可以看作是方言土话与洋腔交织的奇趣美谈吧！

257. lap /læp/ *vt.* 包围、缠一圈

译作笠（leb¹），音、义同。

普通话的笠（lì）只作名词解，如把草帽、竹帽称为草笠、竹笠或统称斗笠，恩平话除了有与此相同的名词功能，还像英文一样解作动词，表示包、扎、缠、套等动作。

【例】①笠住顶竹帽。(指戴着)

②天冷风又大，她用围巾把头笠起来。(指包起来)

③他摔断的手臂被绷带一层一层笠得密密实实。(指缠绕得结结实实)

④胡乱给人笠高帽是不负责任的行为。(生戴硬套)

258. laser /ˈleɪzə(r)/ *n.* 激光，激光器，镭射器

普通话译作莱塞（lái sè），用恩平话念作骝莎（lei¹ sɑ⁶），其音与英文更接近。

莱塞、骝莎＝激光，定义为：当某些物质原子中的粒子受到光或电的激发时，会使低能级的原子跃迁为高能级原子，一旦达到高能原子数大于低能原子数并由高能级反跃迁回低能级时，就放射出相位、频率、方向等完全相同的光，这种光叫激光。激光很纯，能量高度集中，广泛用于军工、医疗、工业、探测、通信等领域。

259. latin /ˈlætɪn/ *n.* 拉丁文　*adj.* 拉丁的（文字、语言、舞蹈等）

普通话译作拉丁（lā dīng），恩平音译作甩腚（led¹ deng⁶），甩（led¹）指甩来甩去（普通话shuǎi lái shuǎi qù，恩平话指扭来扭去），腚（deng¹）指屁股，甩腚把拉丁舞扭腰扭身扭屁股的舞姿体现出来了。

260. laugh /lɑːf/ *n.* 笑、笑声　*vt.* 以笑表示，以笑感动　*vi.* 笑、发笑、嘲笑

恩平音念拉裤（lɑ¹ fu⁶），广州话念甩裤（lɑd¹ fu³）。

笑与拉裤有什么关系呢？说起来还真有关系。一个人高兴起来，哈哈大笑，或兴奋狂笑不止，普通话形容为笑到肚子痛，恩平话讲笑到肚呎，或者讲笑到个肚凹细（neb³⁻⁶ sɑi³）、瘪细（念bid³ sɑi³或pɑd³ sɑi³）。问题来了，肚皮凹细瘪细，裤腰带便松胯了，裤子是不是往下掉呢？是啊！所以广州话叫笑到甩裤（指裤子往下掉）。但是真的甩裤就不能笑了，得赶快把往下掉的裤腰带往上提，把裤子拉住，是故，拉裤是笑的结果，英文拉裤（laugh）成了"笑"话！

261. lay /leɪ/ *vi.* 放倒、放置、使躺下　*vt. & vi.* 生蛋、产卵

一念溜（lei³），一念漏（lei⁶）。

溜，幼儿园的小朋友从滑梯上往下滑下来，恩平话叫溜（lei³）下来；工厂、工地往往也利用溜的办法，从高处至低处（例如三楼至二楼，二楼至一楼，一楼至地下室），设计一条有一定坡度的滑梯，把一箱箱、一捆捆的货物从高处往低处滑下去，省却了人工搬运的麻烦。英文lay（溜lei³）利用的便是这种放倒、放置、躺着滑下的原理。

漏（lei⁶），恩平话讲鸡乸漏蛋，是指母鸡下蛋、产卵的意思。按照鸡蛋从母鸡身上漏下来的表达方法，恩平话把掉了钱包、忘了带锁匙（钥匙）说成漏了钱包、漏了带锁匙。

漏是个古汉字，据查《荀子·富国》里就有"穷间漏屋"的句子（意指里巷里逢雨必漏的房子）；《汉书·酷吏传》有"罔（指网）漏吞舟之鱼"（意指网

漏了大鱼）；而且我国古代就已经发明了用于计时的器具"漏壶"。
依此怀疑英文的 lay 还有偷师汉语溜、漏的可能呢！

262. lemon /ˈlemən/ *n.* 柠檬、柠檬树、柠檬黄　*adj.* 柠檬色的

念作罅敏（liɑ³ men⁶），音近，文字记作柠檬，普通话 níng méng，恩平话 neng⁴ mung⁴。

263. let /let/ *vt.* 让……

念甩（发音 led¹）。

恩平话读英文 let me go /let miː gəʊ/ 成了甩尾搞（led¹ mi¹ gou¹），意为放开我、让我走（去）。读英文 let me see/let miː siː/ 成了甩尾屎（led¹ mi¹ si¹），意为让我看看、让我想想；读英文 let me try /let miː traɪ/ 成了甩尾踩（led¹ mi¹ cɑi¹），意为让我试试。

264. lip /lɪp/ *n.* 嘴唇，唇状物、（杯、壶等的）口、边缘

近似念猎 lib¹ 音，所表意义同。

【例】①饭碗、玻璃杯的唇边被碰裂了，恩平话可以讲"个碗猎裂咗""个杯猎裂咗"。

②山㘭（山坳）的周边叫山猎。（山的边缘）

③女性的阴唇称太猎。

④嘴唇往往被说成口唇猎。

⑤乒乓球比赛出现发球擦网而过的情况，裁判立即喊一声 lip（猎），示意重发。这个 lip 的恩平音为猎（lib¹）或猎波（lib¹ buɑ³⁻²），指球触碰了网唇之意。

265. lock /lɒk/ *n.* 锁　*vt.* 锁住、锁上、使固定　*vi.* 锁住、锁得上、紧闭

译作烙或络（log¹），音、义近乎一致。

英文 lock /lɒk/ 是锁住、锁上、固定之意，用恩平话的烙来解释，最明显的例子是拔牙。拔牙，除了讲挶牙、剥牙、可牙、摇牙之外，还讲烙牙——指牙医用牙钳将待拔的牙牢牢钳住，再用力一拉将牙拔下来。这里的牢牢钳住就有锁住、锁牢的意思。另外一句——可（拿）条长锁链把大铁门络死佢，这里的络死就是缠住、锁上、锁牢的意思。

266. logic /ˈlɒdʒɪk/ *n.* 逻辑、逻辑学

普通话译作逻辑（luó jí）、逻辑学（luó jí xué），指思维的规律，指客观的规律性。

若用恩平音念，英式 /ˈlɒdʒɪk/ 接近捰直（lo² zeg⁶），美式 /ˈlɑdʒɪk/ 接近拉直（lɑ¹ zeg⁶）。恩平话、广州话的捰有拿、取、用的含义，捰直、拉直便有了将思维的规律和客观规律的是非曲直理顺的意思。

267. long /lɒŋ/ *adj.* 长的、远的、高的、长久的、长期的

念啷（long¹）音近似一致。

恩平方言的啷（long¹）音，除了表达金属碰撞或陶瓷碗碟落地的啫啷声，还用来比拟人的高矮肥瘦，这后一种表达，与英文的意义接近。

【例】①又高又瘦的人叫作得个啷（即所谓"长人"）。

②调皮捣蛋的怪模样被叫作死啷。（不论高矮肥瘦，其模样都离不开啷）

③恶作剧至被人厌恶憎恨时被骂作死佬啷。（哪怕是长人、高佬，变丑样、变恶人了也会被人唾弃）

以上例子的啷，发的都是英文的 long /lɔŋ/ 音。

268. look /lʊk/ *vt. & vi.* 看、瞧　*n.* 看

念碌（lug¹），音、义与英文一致。

【例】①眼碌碌表示睁圆了眼睛看。

②怀里的孩子双眼碌来碌去，望着彩色的灯光觉得好奇。（望来望去，瞧来瞧去）

③他眼珠子往左一碌，终于发现左前方的指示牌了。（往左看）

269. lowbrow /ˈləʊbraʊ/ *adj.* 智力低的、无知识的、无文化修养的

念老步涝（lao¹ bu⁶ lou⁴）。

与广州话老啝（lou² geo⁶）、老老啝啝（lou² lou² geo⁶ geo⁶）和恩平方言讲的老啝（lou¹ geu⁶）有点近似，这种人又被看作咧啡（le⁴ fe⁴），表现带点弱智、行为上吊儿郎当、衣冠不整、不修边幅，同智力低、欠缺文化修养可以挂上钩。

270. lucky /ˈlʌkɪ/ *adj.* 幸运的、侥幸的、吉利的、好运气的

念簕奇（lag³ ki⁴）。

现代人很多时候喜欢来一句籓奇，祝福别人幸运，行好运。例如，妖阿籓奇就是you are lucky /juː ə(r) ˈlʌkɪ/，指你好运气，走运了！还有一句挨屈首籓奇 I wish you lucky/aɪ wɪʃ juˈlʌkɪ/，是祝你幸运！

271. lump /lʌmp/ *vt.* 把……弄成一团（一块），把……归并在一起

译作揽（lam¹）。

中文的揽有收拢、搂在一起、捆在一起的意思，与英文 lump /lʌmp/ 把什么弄成一团弄到一块的意思相同。

【例】①她把割下的山草揽埋一堆捆绑起来挑回家。

②一捆捆干稻草被他揽埋到空地上堆放起来。

272. lychee /ˌlaɪˈtʃiː/ 或 /ˈlɪtʃɪ/ *n.* 荔枝

英文的 lychee 似由广州话荔枝（lei⁶ ji⁴）衍生，英式发音 /ˌlaɪˈtʃiː/ 用恩平话念作荔齿（lai⁶⁻⁵ ci¹），美式发音 /ˈlɪtʃɪ/ 则念成李似（li¹ ci⁶）。英式的荔 /laɪ/ 音接近广州话的荔（lei⁶），美式的李 /li/ 音接近普通话的荔（lì）。恩平话有点特别，荔念 lai⁶ 而枝字既可念 zi³（之）亦可念 gi⁶⁻⁵（技），故在恩平，这一著名岭南水果的地道名字叫作荔技（lai⁶ gi⁶⁻⁵）而不是叫荔枝（lai⁶ zi³），后者只不过是承袭了广州话 lei⁶ ji⁴ 的口音。广州话讲摘荔枝（zag⁶ lei⁶ ji⁴）、食荔枝（xig⁶ lei⁶ ji⁴），恩平话讲搦荔技（neg¹ lai⁶ gi⁶⁻⁵）、吃荔技（heg¹ lai⁶ gi⁶⁻⁵）。实际上，这"枝""技"两字，也就一笔、一划的差别，却由此带来了方言的别样色彩。

M

273. ma /mɑː/ *n.* 妈，妈妈

就叫妈（ma¹），同普通话 mā、广州话 ma¹ 一样，音、义与英文一致。还有个 mammy /ˈmæmɪ/，念妈美（ma¹ mi⁶），亦指妈、妈妈。

是 ma 衍生了妈，还是妈衍生了 ma？有兴趣可考究考究！

274. Macao（Macau）/məˈkaʊ/ *n.* 澳门

葡语，源自粤方言妈港（ma¹ gong²）、妈阁（ma¹ gog³）。普通话称澳门为

ào mén，广州话 ou³ mun⁴，恩平方言 ou³ mon⁴。

妈港是澳门的最早名称，16世纪中叶，葡萄牙人驾船至澳门，在澳门半岛南端的妈阁庙前登陆，向当地人询问地名，方言回答叫妈阁，故葡人用葡萄牙语记为 Macau，英文记作 Macao，两者发音皆为 /məˈkəʊ/。

澳门曾长期被葡萄牙管治，于1999年12月20日零时回归祖国怀抱。

275. mad /mæd/ *adj.* 疯狂的、发疯的、狂热的、狂妄的

记作乜（念 med¹ 或 med⁶）。

恩平话讲某个人乜尾（med⁶ mi¹），是指其人言行古怪、喜怒无常、离经叛道、近于疯狂，这个乜尾的乜与英文的 mad /mæd/ 近似。

英文把疯子、狂人称为 madman /ˈmædmən/，用恩平话念出来，英式口音为抹蚊（mɑd³ men⁶⁻⁵），美式口音为乜蚊（med³ men⁶⁻⁵），一旦把人看成叮人的蚊，抹蚊也好，乜蚊也好，都变疯狂了。

276. magic /ˈmædʒɪk/ *n.* 魔法，戏法、魔术、巫术　*adj.* 魔术的、幻术的

英式口音近似抹直咔（mɑd¹ zeg⁶ kɑ⁶），美式口音近似乜直奇（med¹ zeg⁶ ki⁶）。说起戏法、魔术，变幻无穷，出神入化，故抹直、乜直都会令人称奇！

277. Mah-jong /mɑːˈdʒɒŋ/ *n.* 麻雀牌、麻将牌

英文把我国的麻雀（牌）、麻将（牌）念成孖钻（mɑ³ zon³⁻²）。

麻雀、麻将是出自我国的一种古老的牌类娱乐用具，普通话念 má què、má jiàng，恩平话和广州话习惯称为麻雀（分别为 mɑ⁴ ziog¹、mɑ⁴ zêg³），玩麻将叫打麻雀（分别称为 dɑ¹ mɑ⁴ ziog¹、dɑ¹ mɑ⁴ zêg³），普通话叫打麻将（dǎ má jiàng）、搓麻将（cuō má jiàng）。

278. maid /meɪd/ *n.* 少女、年轻未婚女子

念作茂哒（mei¹ dɑd²），记作茂（mei¹）。

英语把中文的茂变成 maid 并解释为少女、年轻未婚女子，下面不妨先用恩平土话铺垫一下。

恩平方言讲茂（mei¹）既可用于植物，也可用于动物，例如，说菜棚里的瓜苗果苗长得好茂（hou¹ mei¹），是指长势壮旺茂盛；说一窝狗仔（幼崽）只只都咁茂头（mei¹ hei⁶），是指长得健康、茁壮、充满生气；说荷塘里饱满的花蕾好茂，是指它蓄势待发、含苞欲放……

由此可知，茂（mei¹）代表着青春、活力、朝气，体现在年轻少女身上，的确恰如其分。

279. maiden /ˈmeɪdn/ *n.* 少女，处女　　*adj.* 少女的、女子的、未生育过的

译作牡丹或茂丹（同念 mei⁶ dɑn³⁻²）。

汉语的牡（普通话 mǔ，恩平话 mei⁶）本指雄性鸟兽、植物的雄株，亦指男性生殖器，丹（普通话 dān，恩平话 dɑn³⁻²）指红色。（牡＋丹）成为"牡丹"，是一种落叶灌木，会开出深红、粉红、黄、白、紫等各色鲜花，是著名的观赏植物。牡丹色泽鲜艳美丽，深受国人喜爱，家长都喜欢用牡丹或用丹字给女孩起名字，难怪英文把 maiden /ˈmeɪdn/ 这名字解作少女、处女了！

至于茂（mei¹），上一条 maid /meɪd/ 已做了解释。同理，（茂＋丹）成为茂丹，也指少女。由此见，茂、牡同指青春活力、健康美丽，是故，乡间至今还流传着用茂、牡两字给儿女取名的习惯，少少差别是男性多用茂，女性多用牡。汉语的这一点小秘密，显然英语里还没有领会到。

280. make /meɪk/ *n.* 制造　　*vt.* 制造、制定、生产、做

　　　　made /meɪd/（make 的过去分词）作动词时与 make 一样，*adj.* ……制的、（人工）制成的

记作谋（念高音 mei¹）。

中文的谋是谋划、计划、谋求、寻求、设法、决策之意，与英文解释的制造、制定、使生产有相近意义。实行改革开放之后，中国制造业面向世界，享誉全球，那句 Made in China——谋殿彩娜（mei¹ din³ cɑi¹ nɑ⁶）成了世界著名商标，为海内外消费者广为熟悉。恩平话讲的中国制造"谋殿彩娜"，转换回普通话可表达为"魅巅彩娜"（mèi diān cǎi nà），意为中国制造魅力无限，色彩缤纷。

281. male /meɪl/ *adj.* 男的、雄的、公的　　*n.* 男子、（动植物）雄性

念作茂噜（mei¹ lu⁶），指雄性。

这个茂噜 male /meɪl/ 同前面说的茂哒 maid /meɪd/ 都含有茂（mei¹），两者有异曲同工之妙，一个指雄性，一个指雌性，但是无论指男还是指女，都代表着朝气蓬勃、充满活力、非常阳光、长势旺盛。

这不明摆着，恩平方言土话里的茂（mei¹）同洋腔的 male、maid 及至 maiden 的 maid 确实有某种缠缠绵绵的关系。

282. man /mæn/ *n.* 人、男人、成年男子（指单数，复数为 men）

英式口音念蛮（mɑn¹），美式口音念炆（蚊 men¹）。(此前 human 一词也讲过 man。)

在粤方言里，炆字比蛮字用得普遍，例如老人、老公公、老婆婆分别叫作老炆（lou¹ men¹）、老炆公（lou¹ men¹ gung¹）、老炆婆（lou¹ men¹ puɑ³⁻²）。小孩子、小朋友叫作细炆仔（sai³ men¹ zai¹）抑或细蛮仔（sai¹ mɑn¹ zai¹）。而普通话里就没有像恩平话和广州话这样使用到炆或蛮字。

283. manage /ˈmænɪdʒ/ *vt.* 经营、管理、操纵 *vi.* 办理，设法对付

音念嘧汝治（med¹ ni⁶ zi⁶）。

经营、管理、操控这等事宜牵涉到综合治理这回事，怎样治？——嘧汝治！

284. mandarin /ˈmændərɪn/ *n.* 官话（旧时欧美人指的北京方言），普通话

英式口音念蚊哒卵（men¹ da⁶ lon⁶），美式口音念蚊哆腾（men¹ duɑ³ len⁶）。此英文词出自西班牙文。改革开放以来，恩平侨乡往南美委内瑞拉国务工、做生意的人多了，他们用恩平话把这个词近似读作蛮拿顶（man⁴ na⁴ deng¹）或满哆恋（mon⁴ duɑ⁴ lin¹），意指中国普通话。

285. mango /ˈmæŋɡəʊ/ *n.* 芒果

念炆咕（men¹ geu⁶），指芒果（恩平话 mong⁴ gua¹，普通话 máng guǒ）。

286. mark /mɑːk/ *n.* 记号、符号、标记，痕、迹、斑点 *vt.* 做记号于、标明、(球赛中) 盯人

译作唛（mag¹）。广州话念擘或唛（同念 mag¹）。

恩平话经常用唛字讲人讲物，例如，唛可以作为一个人的标记符号、派头、样貌，睇佢个唛指看他样子，睇佢个卵唛指看他那熊样子，睇佢个死佬唛指看他那乞人憎、溜人犯的衰模样。唛、唛头可用来讲商标，在人们的印象中，有过虎头唛的虎头牌万金油，有过双金钱唛的轮胎和运动鞋，有过鹰金钱唛的豆豉鲮鱼，鳄鱼唛的衬衫，等等。

唛是名词、动词两用，例如打篮球，贴身防守叫唛，意为盯住他、防住他、盯死他、防死他，或曰唛住佢、唛死佢。盯人，成了唛人。

总之，英语外来词唛在乡间用得很普遍，连盛牛奶、盛鲮鱼的铁皮罐儿都被冠之予牛奶唛、鲮鱼唛的称呼。

287. market / ˈmɑːkɪt/ *n.* **市集、市场**

念作妈揭（ma¹ kid³）。

妈作为妇女的代表，在家庭里掌管柴米油盐酱醋茶，比男同胞更多地出入、穿梭于集市、商场，那里有什么新鲜时髦的东西，有什么实用便宜的货物，都避不过她们的耳目，商场里的一切秘密，妈们可以毫无遗漏地把它揭示出来——把这叫作妈揭，这地方就是市场、超市或集市。

288. massage /ˈmæsɑːʒ/ *n.* **推拿、按摩**

念乜啥事（med¹ sa³ su⁶⁻⁵）或勿啥事（mod⁶ sa³ su⁶⁻⁵）。谐音亦接近普通话摸下子（mō xià zǐ）。

乜啥事、勿啥事，就等于说有空闲莫如去做保健的意思。推拿、按摩就是我国古老中医学的一种有效的保健、治疗方法，它通过用手在人体上按着经络、穴位，用推、拿、捏、提、按、揉等手法进行，有促进血液循环、增加皮肤抵抗力、调整神经功能、消除疲劳、强身健体等疗效。

当然，这种保健除了可以接受专业技师的有偿服务外，也不妨自己进行，用普通话讲叫作有空自己"摸下子"（mō xià zǐ），也是一种休闲、放松，同样有推拿、按摩的效果。

289. maw /mɔː/ *n.* **动物的胃（尤指反刍动物的第四胃）、鱼鳔、鱼泡**

记作膜（mog⁶⁻⁵），普通话念mó，两种发音与洋音接近一致。

我们说的膜，指的是人和动植物体内像薄皮的组织，如腹膜、胸膜、鼓膜以及竹子里层的竹膜等等。英文的maw——膜，指反刍动物的胃。反刍动物的胃很大，例如牛和羊的胃包括了瘤胃、蜂巢胃、重瓣胃和皱胃四部分；而恩平地方习惯把牛的胃统称为牛肚，把它看成由三格——一格牛百草、一格牛百叶、一格牛米筛组成。由于牛、羊的胃大，包复、保护它的薄膜也很大张，乡里人笼统地说牛膜咁大（张）、羊肚膜咁大（块），指的就是包围着牛胃和羊胃的那层薄膜，英文把膜当作胃来解，原因恐怕就在于此。又因为牛（羊）膜虽然大张（大块），但薄而无肉，所以不值钱，方言那句"牛膜咁大又有咩用呢"，形容的就是空洞无物的这层膜比起价钱昂贵的牛肉只能算是贫贱的东西。

英文的maw——膜还解作鱼鳔、鱼泡，恩平话叫作朴（pog¹）或鱼朴（ngui⁴⁻² pog¹），把鱼朴破开，它确确凿凿只是一层薄薄的膜。

总之，说起英文"把汉语牛和羊的胃包起来的那层膜解作动物的胃"还是蛮有意思的。

290. MBA /ˌembiːeɪ/ *n.* 工商管理学硕士

念摁畀呕（em¹ bi¹ ei¹），英文全称Master of Business Administration的缩写，乃工商管理专业硕士学位。

【例】由于他勤奋好学，提前一年拿到了MBA毕业文凭。

291. meat /miːt/ *n.* 食用肉类（猪、牛、羊等）鲜肉

念尾（mi¹）。

广东省四会市农村称肉为尾（mi¹），同英文的发音一致，指肉类，食尾指吃肉。

292. megaphone /ˈmeɡəfəʊn/ *n.* 扩音器、喇叭筒、传声筒

念嚤架奉（mia³ ga⁶⁻⁵ fung⁶），音近，文字记为麦克风，普通话mài kè fēng，恩平话mag⁶ hag¹ fung³。

293. mend /mend/ *vt. & vi.* 修理、修补、缝补、改正

记作抿（念men¹），音近、义同。

抿字的本义有刷、涂、填、抹等意思。恩平人用水泥、沙灰浆修补路面、堵缝填洞，叫作抿水泥、抿沙灰，与英文的mend /mend/ 同音同义。甚至大解后揩屁股也讲抿——抿屎臀、抿屎窟、抿老友，抿指大便后抹干净屁股的手尾工作。

294. mew /mjuː/ *n.* 喵、咪（猫的叫声）

普通话猫的读音为māo，猫的叫声念喵miāo。

广州话猫的读音与普通话同，亦是mao¹，猫的叫声念miu¹，与洋腔同。恩平方言的特别之处是猫、喵都发同一个音miu¹，且喵音与洋音一致。例如，小花猫（miu¹）被困在笼子里喵喵（miu¹ miu¹）声叫个不停。又如，犬的叫声汪汪汪，猫的叫声喵喵喵。

295. microphone /ˈmaɪkrəfəʊn/ *n.* 话筒、传声筒（电话、录音、扩音器设备用的）

念咪咔奉（mai¹ ka⁶ fung⁶），普通话译为麦克风（mài kè fēng），有与megaphone同样的词义，指话筒、扩音器。恩平话又称咪头（mai¹ hei¹）。

说起咪咔奉和嚟架奉（麦克风），不得不宣扬一句，恩平的电声音响行业在国内有着举足轻重的地位，获得了国家授予的"中国麦克风生产基地和出口基地"的美誉。

296. mid /mɪd/ *adj.* 中间的、中部的，居中的、正中的

译作掰或抧（念mid¹）。

掰字把两只手从中间分开，它的恩平音有两种，一为擘（mɑg¹），一为抧（mid¹），擘开或抧开都是指用双手把东西从中间（中部或居中处）分开、或折断或撕开成两半之意。

【例】①阿婆把一块合桃酥从中间掰开两塞（分成两半），两个孙子各分得一半。

②剥花生、剥豆荚，最有效的方法是从中间将它抧开来。

③护士小姐细心地掰开病童的上、下眼皮给他滴了眼药水。

奇怪的是，恩平话的掰（念mid¹）音和义与英文一致，而普通话和广州话却把掰念成bāi和bai¹，不念mid¹。恩平话的抧（mid¹），广州话里也有（也念mid¹），普通话里没有。

还有，用恩平方言念抧斗（mid¹ dei¹），发音同英文的midday /mɪd'deɪ/，指中午、正午；念抧乃（mid¹ nɑi⁶）即是midnight /'mɪdnaɪt/，指午夜；念抧鳞（mid¹ len⁴）即是midland /'mɪdlənd/，指中部地方，内地；念抧倒仕哥（mid¹ dou¹ su⁶⁻⁵ guɑ¹）即middle school /'mɪdl sku:l/，指中学。所例举的带mid¹的单词，都体现了中间、居中、中部、中等、正中的意思。

297. mike /maɪk/ *n.* 话筒

译作咪（mɑi¹），解作话筒、扩音器，mike的/maɪ/用了microphone /'maɪkrəfəʊn/的头一个音节，换言之，它是microphone的省略体，故又可译为麦克风。

在恩平，在省城广州，人们都习惯把麦克风称为咪（mɑi¹）或咪头（恩平话mɑi¹ hei⁴⁻²，广州话mei¹ teo⁴），受粤方言影响，普通话也用上咪，但是用字和发音变成唛（mài），咪头咪筒成了唛头（mài tóu）唛筒（mài tǒng）。

【例】①卡啦OK用咪筒扩音。

②那支咪效果不好，他叫服务员把它换了。

③市场上咪头品牌多多，价格迥异。

298. mile /maɪl/ *n.* 英哩

英国里程单位，因为关系到路程的长短，故记作咪路（mai¹ lu⁶），其发音和含义似乎比普通话译作迈（mài）更恰切。1英哩＝1.6093公里。

299. mind /maɪnd/ *n.* 头脑、精神、意志　*vt.* 注意、留意、当心

记作迷唔得（念mai⁴ m⁴ da¹）。

迷，有分辨不清、失去判断能力的意思，一个人的头脑或精神迷糊不清，便会迷失方向、迷路、迷惑、财迷心窍。所以头脑、精神时时刻刻要清醒，普通话叫迷不得（mí bù de），咱恩平话叫迷唔得——其谐音与英文mind的发音近似。

只要平时留意，你会在地铁或超市的扶手电梯容易碰到脑袋处见到一块警示牌，用英文书写：mind your head /maɪnd jʊə hed/，念作咪做乞（mai¹ zu³ hed¹），提醒你要当心，要留意，别碰了头，别碰了脑袋，回归英文mind，就是头脑"迷唔得"。

300. Ming /mɪŋ/ *n.* 明朝

明朝简称明（普通话míng，广州话ming⁴，恩平话meng⁴⁻²），音、义与中文同。

301. miss /mɪs/ *n.* 小姐、小女孩、女老师

念作娓氏或媚氏（念mi¹ si⁶⁻⁵），发音与洋腔近。以往普通话把它译作密士（mì shì），如姓李、姓王的小姐分别称作密士李、密士王。改革开放后，网络和微信又用美眉称之（普通话念měi méi，恩平话mi⁶ mi⁴）。但是不管怎么说，叫密士也好，叫美眉也好，都比不过叫娓氏媚氏显示出来的娇俏可爱。

302. model /ˈmɒdl/ *n.* 模特、模特儿、模范、模型、典型、式样

念摩道（mua¹ dou⁶），普通话译作模特（mó tè）或模特儿（mó tèr）。

【例】①李女士两个千金都是摩道，一个是服装摩道，一个是汽车摩道。
②今届的时装展览会来了几个国际级的摩道做表演。

以谐音比较，你试试念一下，恩平方言mua¹ dou⁶与普通话mó tè哪一个与英文model更接近？（答案：恩平方言。）

303. modern /ˈmɒdn/ *adj.* 现代的、近代的、时髦的、最新的、合潮流的

记作摩等（mua¹ dang¹），妖魔化的等级，代表新潮、新款、新颖、时髦

等意思。普通话、广州话记作摩登，分别念为mó dēng、mo¹ deng¹。三种谐音都与英文接近。

【例】①新娘子那袭婚纱够摩等，一出场便吸引了全场的眼球。

②说起陈年旧事，二十世纪四五十年代，人们曾经流行把葵花子儿称为摩登瓜子呢！

③为赶时髦适应潮流，他把理发店的名字改为摩登发廊。

304. moist /mɔɪst/ *n.* 潮湿　*adj.* 潮湿的、微湿的

译作霉（moi⁴），东西发霉乃潮湿所致。

地方太潮湿、空气中湿度大，容易引起东西受潮长霉。换言之，霉菌引起的发霉、霉烂，起因在于潮湿。

305. mold /məʊld/ *n.* 模型、铸模

译作模（普通话念mó，广州话念mou⁴，恩平话念mu⁴）。

汉语的模指标准、规范、法式，例如模型、模范、模本等，英文的mold同汉语的模有近同的音、义，可看作同铸一模。

306. money /ˈmʌnɪ/ *n.* 钱、金钱、财富

念满饵（mon¹ ni⁶），解作金钱、财富。

恩平话问你有冇满饵，就是问你有没有钱。说某人有大把满饵是指该人有大把钱，很富有。

饵是什么？饵可作鱼食，吸引鱼儿上钩。于人而言，若以钱为饵，将满饵用作钱权交易，钩人上当，某些腐败现象将由此产生。

307. monkey /ˈmʌŋkɪ/ *n.* 猴、猿、小淘气、淘气鬼、顽童

念作蜢蜞（mang¹ ki⁶），解作犸骝（ma¹ lei¹）。

恩平方言把猴子称为犸骝，形容调皮淘气的顽童叫犸骝仔、犸骝王、犸骝精。英文发音蜢蜞，其中的蜢既有扎扎乱跳、飞来飞去不安分的意思，又有表示勇猛、耍蛮的意思，契合猿、猴调皮淘气的脾性。是故，恩平话把顽皮、脾气粗暴的小孩形容为蜢（mang¹）、蜢憎（mang¹ zang¹）、蜢憎鬼（mang¹ zang¹ gui¹），其mang¹音与蜢蜞的/ˈmʌŋ/音同。

308. moo /muː/ *n.* 哞（牛叫声）

土话念哞（与哞同发mu¹音），音、义与英文同。但是普通话哞念m，广

州话念 m²；普通话哞念 mōu，广州话念 mou⁴，与恩平土话念唔（mu¹）有差别。

309. morning /'mɔːnɪŋ/ *n.* 早晨、黎明、上午

记作摸宁（muɑ¹ ning⁴），多指早晨六点至近中午十二时那段时间。早上好的英文为 good morning /gʊd 'mɔːnɪŋ/，恩平音念作骨摸宁（gud¹ muɑ¹ ning⁴）；住宾馆旅店想早上叫起，可以提前向服务台订制 morning call /'mɔːnɪŋ kɔːl/——摸宁巧（muɑ¹ ning⁴ kou¹）预设闹钟；有一种新闻纸叫晨报，英文为 morning paper /'mɔːnɪŋ peɪpə(r)/，念摸宁呸琶（英式口音 muɑ¹ ning¹ pei³ pɑ³，美式口音 muɑ¹ ning¹ pei¹ pɑ⁶）。

310. mother /'mʌðə(r)/ *n.* 母亲、妈妈

念作妈哒（ma¹ da⁶），指母亲、妈妈。前面介绍过一个 father /'fɑːðə(r)/，念花哒（fa¹ da⁶），指父亲、爸爸，与此对应。

311. motor /'məʊtə(r)/ *n.* 马达、发动机、电动机

英式口音念氅钗（mou¹ cɑ³），美式口音念氅哒（mou¹ da⁶⁻⁵），指发动机、电动机，译作马达，普通话 mǎ dá，广州话 ma⁵ dad⁶，恩平音 ma⁶⁻⁵ dad⁶，都与外来音接近。

312. mould /məʊld/ = mold *n.& vt.* 模型、铸模、性格、气质

译作模（mu⁴）。

这个词与 mold 的发音相同，意义相近，作名词表示模子、模型、铸模等，作动词可表示塑造、浇铸、用模子做等等。例如，制作中秋月饼必须用到木模，制作生铁铸件也用到木模、沙模。

【例】①别人都说她母女俩的相貌简直是同个模咁。(同一个模子一样)
②他乐观的性格好像是他父亲用模型造出来的那样。(铸模)

313. music /'mjuːzɪk/ *n.* 音乐、乐曲、乐谱

这个发音近似猫蚀（miu¹ seg⁶⁻⁵），音乐、乐曲差点成了猫食？不，音乐就是吹拉弹唱听声听音而已，舞台上的舞者、表演者经常冒出一句来点猫蚀，他不是要猫粮，他要的是音乐伴唱或伴奏。例如，"说、学、逗、唱"是相声演员的基本功，表演中当他需要音乐伴奏时，他会向乐队打个招呼，说一声"猫蚀"。

N

314. nab /næb/ *vt.* 猛然抓取、逮捕、捉住（人）

记作黏（念nag¹），音近。

普通话的黏（nián），恩平方言既可念nim¹又可念nag¹，例如：把捕蝉叫作黏蝉（nag¹ cen⁶⁻⁵），黏有黏住、拿下之意；捕蝉最关键那一刻，就是要把蝉迅速黏住，将其逮下。恩平方言讲的黏黐黐（nag¹ qi⁶ qi⁶）、黏手黏脚（nag¹ siu¹ nag¹ giog⁶⁻⁵），那个一黏就黐的结果同猛然抓取是一致的。

315. nail /neɪl/ *n.* 钉子、钉状物 *vt.* 钉住、钉牢、使固定

念扭噜（nei¹ lu⁶），记作钮或扭（同为nei¹），其音其义与英文近同。

作名词钮时，它就类似一粒钉，例如，必须钉钮扣才能扣紧衣服，钮就形如钉状物，通过它把衣服扣牢，亦即使之固定。

作动词扭时，就有扭紧、扭死，亦即拧紧、固牢、固死的意思。

【例】①螺丝（钉）松了，拿螺丝刀（批）扭死它。(使固紧)

②上螺丝时必须用力将它扭紧。(钉牢锁牢)

316. needle /ˈni:dl/ *n.* 针、针状物

念呢杜噜（ni¹ du⁶ lu⁶），与洋腔近，记作捏惰（nib¹ dua⁶）或呢惰（ni¹ dua⁶）。

恩平土话讲捏惰、呢惰，意指数量少、体积小、一点点、微不足道。你看一眼针，它的针头、它的针眼有多大呢？还不是英文讲的needle吗？于此看，土话呢杜噜表示的捏惰、呢惰含有满满的洋腔味。

【例】①别以为小蜜蜂的刺才捏（呢）惰傢伙，可被蜇了会很痛很痒。(很小)

②听说槟榔好好味，畀捏（呢）惰我尝尝看。(给一点点)

英文里还有个 **little** /ˈlɪtl/ *n.* (表示否定) 微少、没多少；*adj.* 小的、琐碎的、微不足道的；*adv.* 略微、少许。它的发音念冽粗噜（lid¹ cu³ lu⁶），其音其义与呢杜噜近似。

317. nice /naɪs/ *adj.* 好的、令人愉快的、友善的

念呐氏（nai¹ si⁶），与洋腔近。因为呐与妮谐音，加上呐氏示意好而友善，

故引申记作好妮（hou¹ nai⁶）。

中文的妮（nī）又称妮子（nī zi），指女孩子。恩平土话的妮不仅指女孩子那么简单，她同好字结合起来成为好妮，还表示女孩以及姑娘大姐的模样俏丽、脸蛋可爱。例如，说某个女仔好妮、那个使娘（新娘子）好妮、谁家姑娘好妮，就让这土洋结合的好妮两字涵盖了好睇、好靓、漂亮、贤淑等一堆赞美字眼。这难怪，英文呐氏nice表达好的、令人愉快的、友善的种种，正常人见到好妮的美眉不就是这样一种心情吗？俗话说"秀色可餐"，好妮当然令人愉快啦。

土话把好妮升高音调就变成好呐（hou¹ nai¹），也就回复到英文nice的呐。它也可以表达好妮的意思，例如，面对两位靓女，要评价谁更好妮（hou¹ nai⁶），有人说甲好呐（hou¹ nai¹），有人说乙好呐（hou¹ nai¹），问的是谁好妮（hou¹ nai⁶），答的是谁好呐（hou¹ nai¹），而不论谁好呐（hou¹ nai¹），终归指好妮（hou¹ nai⁶）。

归纳起来，好妮的妮代表妮子，靓丽的妮子就是英文的呐氏。

318. nick /nɪk/ *n.* 刻痕，缺口　*vt.* 刻痕于、用刻痕记（数）

译作搦（neg¹），发音与英文近似。

恩平方言的搦字有多种用法，如拿过来可以讲搦过来，拿不动叫搦唔嘟，提着行李叫搦住行李，握住手杖叫搦住仕的棍，摘瓜摘菜叫搦瓜搦菜。其中搦瓜搦菜的搦与英文nick /nɪk/所指的刻痕、裂口有关。

【例】①苹果若被人搦过，表皮会留下一道指甲的裂痕。（搦相当于刻痕于）
②她被别人搦过的手臂仍可见到红色的血痕。（搦的痕迹）
③用指甲搦人不但痛，还会留下捏痕。

319. nightclub /ˈnaɪklʌb/ *n.* 夜总会

夜总会，指夜晚的或夜生活的俱乐部，恩平话念作奶咔腊部（nai¹ ka⁶ lab⁶ bu⁶）。这世界上俱乐部（gui⁶ log⁶⁻⁵ bu⁶，普通话念jù lè bù）有很多种，如乒乓球俱乐部、桌球俱乐部、健身俱乐部等等，唯有叫奶咔腊的这家俱乐部是一家夜总会。

320. nip /nɪp/ *vt. & vi.* 捏、夹、掐、咬、钳

译作捏（nib¹），发音与英文基本一致，义同。

恩平话的捏也有捏、夹、钳、拔、咬、握等多种用法。

【例】①保姆硬是用中指和拇指的指甲把他手上的刺一根一根地捏出来了。（夹、钳、拔之意）

②这把小镊子是用来捏邮票的。（夹）

③他一生气就捏紧拳头。（握）

④他用尖嘴钳把缝里的滚珠捏出来了。（咬住、钳住、夹住）

321. no /nəʊ/ *adv.* 不、不是、毫不

念脑（nou¹），与英文音同。

改革开放年代，连普通民众都喜欢用英文 no（脑）来说不，例如，对于不适宜、不合理、不赞成或行不通的事，就可以动动脑说声 no。还经常用到另一句带脑的话，叫 no problem /nəʊ ˈprɒbləm/——念脑柏步滥（nou¹ pag¹ bu⁶ lam⁶），意为没问题、没什么、没事的。原本担心的问题，一动脑（no），就化解为没问题了。

在车站、候机室、餐厅、电影院等很多公共场所，经常会看到禁止吸烟的小标语，旁边附有英文 No Smoking /nəʊ ˈsməʊkɪŋ/——恩平音念脑示冇琼（nou¹ si⁶ mou¹ keng⁴），为了提醒你不要随便吸烟，也动用了脑（no）。

322. note /nəʊt/ *n.* 笔记、摘记、评注、注释

摘记、评注也念脑（nou¹），它把脑子想到的东西用文字记录在本子里、写进文章里，所以这个脑（note）成了笔记、注释。

323. notebook /ˈnəʊtbʊk/ *n.* 笔记本

念脑卜（nou¹ bug¹），知识多了、经验丰富了、体会深刻了，脑子记忆的东西满满的、胀卜卜的，这时要适当让脑子减负，把一些东西记到本子里，借助脑卜——笔记本，把它当作资料、史料保存下来。notebook一词由 note（脑）加 book（卜）构成，它把中文的脑当成笔记、摘记，把中文的卜当书本当账簿，笔记本脑卜——notebook 就这样造出来啦。

324. number /ˈnʌmbə(r)/ *n.* 数字、号码、编号、数目、数量

广州话记作冧巴（lem¹ ba²），恩平方言叫腩吧（nam¹ ba⁶⁻⁵），其音与英文更接近。例如，问他们家门牌的腩吧系几多？就用了腩吧发问，回答也用上了腩吧。例如，1号叫腩吧碗，即No.1；2号叫腩吧醋，即No.2；3号叫腩吧

似李，即No.3……

325. nylon / ˈnaɪlɒn/ *n.* 尼龙

谐音近似呢纶（nai¹ lun⁴）。普通话记作尼龙（nī lóng），人造纤维锦纶的旧称。恩平方言尼龙念作 nai⁴ lung⁴，与呢纶（nai¹ lun⁴）一样与洋音近。

O

326. objection /əbˈdʒɛkʃn/ *n.* 反对、异议

音念呷渍顺（ab³⁻² zeb¹ sun⁶）。

以往的香港电视连续剧，在演到法庭辩论时，法官和律师庭上表达反对或持异议意见时，往往会冒出一句呷渍顺。别以为有个顺字就赞成你、顺着你，呷渍顺正好相反呢！它表示反对，持有异议。

327. occupation /ˌɒkjuˈpeɪʃn/ *n.* 工作、职业

念噁翘胚顺（og¹ kiu⁴ pei¹ sun⁶）。

在填写英文履历表时，里面就有噁翘胚顺这一栏，问的是干什么工作、从事什么职业。

328. office /ˈɒfɪs/ *n.* 办公室、办公处、事务所

念哦啡事（o⁴ fia⁶ su⁶），办公事的场所。

【例】①老总临时通知去哦啡事开会，估计有什么紧急指示。
②为方便做生意，他把哦啡事迁到闹市中心去了。

329. offside /ˌɒfˈsaɪd/ *adj.*（体育、足球）越位、越位的　*adv.* 越位地

念噁洗（og⁶ sai¹），广州话记作塌筛（tab³ sei¹），意指越位，落入对方陷阱而被判罚。

330. oho /əʊˈhəʊ/ *int.*（表示惊喜、惊讶）哦嗬、哎哟

恩平话哦嗬（o⁴ hua⁴）其音其义与英文一致，多用于表示惋惜、惊讶、嘲弄或喝倒彩。

【例】①看着飞得正高的风筝突然断线飞走了，众人不约而同发出一片哦

嚄声。

②比赛牵动着双方观众的情绪，一方出现失误，另一方就发出哦嚄哦嚄的声音喝倒彩。

331. OK（=**okay**）/ˌəʊˈkeɪ/ *n.* 同意、认可　*adj.* 好、行、对、可以

近似念噢扣（ou⁶ kei¹）。

【例】①问：你同意吗？答：噢扣。（表示同意，赞成）

②问：近来身体还噢扣吧？（还好吧？还可以吧？）

③呢份粗重活你愿意干吗？答：噢扣！（行，可以）

332. old /ˈəʊld/ *adj.* 老的、年老的　　*n.* 古时、往时

念作拗（ou¹），记作老（lou¹）。英文 old man（men）/əʊld mæn（men）/ 解作老人，恩平话译作老𤆬（lou¹ men¹）、老𤆬公（lou¹ men¹ gung¹）、老𤆬婆（lou¹ men¹ puɑ⁴⁻²）。广州话则译作老蚊公老蚊婆（lou² men¹ gung¹、lou² men¹ po⁴⁻²），或老坑公老坑婆（lou² hɑng¹ gung¹、lou² hɑng¹ po⁴⁻²）。

333. Olympic /əˈlɪmpɪk/ *n.* 奥林匹克运动（会）

它的恩平译音为亚冧披咔（ɑ³ lem¹ pi⁴ kɑ⁶）。普通话译为奥林匹克（ào lín pǐ kè），全称为奥林匹克世界运动会（Olympic Games /əˈlɪmpɪk geɪms/），简称奥运会，被普遍应用。

334. Omega /ˈəʊmɪgɑ/ *n.* 希腊字母表排在最后的一个字母 Ω、ω

音念奥美㗎（ou¹ mi⁶ gɑ⁶），普通话译作奥米加（ào mǐ jiā），广州和港澳习惯把 omega 手表称作奥米茄（o³ mei² gɑ¹）。

335. on /ɒn/ *prep.*（表示方向）向、往、朝　*adv.* 放上、穿上、连接上

译作安或按（同念 on³），音、义与英文近同。

【例】①灯泡坏了，请安一个新的上去。（放上、换上）

②按指南针指示方向走不会迷路。（朝着）

336. one /wʌn/ *n.*（数字）一、一个、一次、一回　*adv.* 一次、一趟、一旦

念碗（won¹）。

英文的数字1——one /wʌn/，恩平音念碗，一碗饭，一碗粥可简称为碗饭、碗粥，辟如说"给我添碗饭、给我装碗粥"，虽然省略了一碗饭一碗粥中

的数字一，却靠碗字把one这个数字定格下来了，很巧合！

337. OPEC /ˈəʊpek/ n. 石油输出国组织
普通话译作奥佩克（ào pèi kè），恩平音念拗辟（ou¹ peg¹）与英文更接近。

338. opium /ˈəʊpɪəm/ n. 鸦片
音念拗便（ou¹ bin⁴），普通话译作鸦片（yā piàn），俗叫大烟，由罂粟的果实提制出来的一种药物，内含吗啡等成分，医药上可用作止泻、镇痛、安眠。常用成瘾，是一种毒品。用作药品称阿片（ā piàn），用作毒品叫鸦片、鸦片烟。吸毒危害极大，中华人民共和国成立前，乡间把吸食鸦片的人称为烟屎佬、烟屎鬼、烟屎残。屎乃粪便（大便）也，吸食鸦片无异于食屎，看来把鸦片更名为拗便更能惊醒人。

339. orange /ˈɒrɪndʒ/ n. 橙子、柑、橘子 adj. 橙色的
念柯令治（ua³ leng⁶ zi⁶），是橙、柑、橘的称呼，它们榨出来的汁通称橙汁（普通话 chéng zhī，恩平方言 cang⁴⁻² zib¹），英文记为 orange juice /ˈɒrɪndʒ dʒuːs/，念作柯令治嘟士（ua³ leng⁶ zi⁶ ziu⁶ su⁶）。

340. order /ˈɔːdə(r)/ n. 次序、顺序、订单、汇票、命令 vt. 命令、订购 vt. & vi. 点（菜、饮品等）
译作柯吋（念 ua³ da⁶⁻⁵）
【例】①单位主管部门根据客户来的柯吋及时下达了生产任务。（订单）
②今晚宴会的菜肴是老总亲自给餐厅经理落的柯吋。（菜谱、菜单）

341. Oscar /ˈɒskə(r)/ n. 奥斯卡金像（奖）
念噁示咔（og¹ si⁶ ka⁶），指电影奥斯卡（普通话 ào sī kǎ，广州话 ou³ xi¹ ka³，恩平话 ou³ su³ ka¹）金像奖。三种话的谐音皆与洋腔接近。

342. ounce /aʊns/ n. 盎司
念盎士（ong³ su⁶），记作盎司（普通话 àng sī，恩平话 ang³ su³⁻²）。1盎司=1/16磅=28.35克。

343. out /aʊt/ adv. 离开某地、不在里面、过时、不再流行、出局
念拗（ou¹）。
近些年，城乡人尤其是年轻人都喜欢用洋音拗说事，例如，穿的衣服款

式旧，不够新潮或是过时了，就说拗了；参与竞争失利，没有入围，没有中标，也说拗了；篮球比赛，小组赛早早被淘汰出局，被说成提前拗了，等等。

汉语的拗（ǎo）本身就是折断，弯曲使断之意，影射做事失利，企图夭折。恩平话的拗（ou¹）音比普通话的拗（ǎo）音和广州话的拗（ngao²）更接近洋腔。

344. outside /ˌaʊtˈsaɪd/ *adv.* 在外面、在户外、超出……范围、（打球）界外

记作拗晒（英式发音 ou⁶ sai³，美式念 ou¹ sai¹），打篮球、打羽毛球、踢足球，当球飞越界线就叫拗晒，意为界外、界外球。

345. overseas /ˌəʊvəˈsiːz/ *adv.* 在海外、在国外

音念澳花暑似（ou³ fa³⁻² si¹ su⁶）。

中文定义华侨，乃指旅居国外的中国人。这里国外的三个字的英文发音就是恩平方言的澳花暑似。而华侨的英文全称为 an overseas Chinese /ən ˌəʊvəˈsiːz ˈtʃaɪˈniːz/，恩平话念作 an 澳花暑似猜呢事（en ou³ fa³⁻² si¹ su⁶ cai³ ni¹ su⁶）。其中 Chinese（谐音猜呢事）的真正含义应是搓泥师（cai³ nai³ su³⁻²），指把瓷土加工成陶器瓷器的工艺大师。中国人就是这方面的工艺大师。

P

346. pair /peə(r)/ *n.* 一副、一双

pal /pæl/ *n.* 伙伴、好友、老兄、小子、同谋　　*vi.* 结成好友（**to pal with**）

这两个英文词的发音近似恩平话啤（念 pia¹）或匹（ped⁶⁻⁵），同广州话的啵（pé¹）同音同义。

恩平话把两个小伙伴老友鬼鬼出双入对叫作双鬼双啤（song³ gui¹ song³ pia¹）或双鬼双匹（song³ gui¹ song³ ped⁶⁻⁵）。匹本为单数，双匹形成一对，其意思同双鬼一样指一双、一仔。啤则代表双数，例如，两个好友、一对恋人、一对夫妇都可以谓之一啤（yid¹ pia¹）；打扑克出一对王叫一啤顷、一对A叫一啤衍氏，等等。双啤则多了成双成对之意。

可看出，英文的 pair、pal 其音其义与啤、匹、啵近同。

347. pan /pæn/ *n.* 盘子、平底锅

译作盘（pon⁴⁻²），普通话pán，广州话pun⁴，三者音、义皆与英文接近。

中文说的盘（pán），乃古代盥洗用具的一种，如今说的盘、盘子，泛指盛放物品的浅底器具，如铜盘、铁盘、金盘、菜盘、脸盘、瓦盘、瓷盘都是。英文除了解作盘，还解作平底锅，平底锅没了把手（柄），就是一个盘。

348. panda /'pændə(r)/ *n.* 熊猫

恩平方言按英式口音译为攀哒（pan³ da⁶），按美式口音念喷哒（pen³ da⁶）。

我们的国宝熊猫（普通话xióng māo，广州话hung⁴ mao¹，恩平话hung⁴ miu¹），憨态可掬，非常可爱，它会登山、会爬坡、会攀树，具有独特的攀爬本领，英文称它panda——攀哒，还有点称赞它攀得（pan³ dag¹）的意思呢！

349. pardon /'pɑ:dn/ *n. & vt.* 宽恕、原谅 *int.* 再说一次

记作趴典（普通话pā diǎn，恩平音念pa¹ din⁶）。

趴是卧倒之意，典指礼仪法则，请求别人原谅宽恕，弯腰作揖至近乎趴下，说明极尽诚心诚意了。连对话时第一次没听清楚，也要用趴典这种礼仪用语请对方重复一次，由此看出英国人是多么绅士有礼了。

350. park /pɑ:k/ *n.* 公园、停车场 *vt. & vi.* 泊车、泊船

恩平方言把这个英文单词译出两个字三种音，译柏时念pag¹，译泊时可念拍pag³亦可念bog³，英文的词义可做以下两种解释：

一是作名词解，柏（pag¹）指树木，泊（bog³）指湖泊，有花草树木、青松翠柏和有山有水有湖的地方，当然可以打造成为公园供人们休闲娱乐，当然会尽量配置停车场，让游客泊车；

二是作动词解，泊（念pag³）指泊位、停泊。在陆地上，把汽车停置于停车场叫泊车（pag³ cia³⁻²），停车的格子叫泊位（pag³ wui⁶⁻⁵）；在海河，把客轮、货船停靠码头用动词泊（念bog³）表示，叫泊船（bog³ sin⁴）、泊码头（bog³ ma⁶⁻⁵ hei⁴⁻²）。

一个英文单词被译出两个字三种音，释出两种含义，这种特例并不多见，恩平方言的这一独特之处，恐怕是普通话和广州话无法企及的。

反过来看，汉语的柏、泊、拍竟被英文一个park给包揽下来了。

351. parking /'pɑ:kŋ/ *n.* 停车场所，停放 *v.* 停车

念拍琼（pag¹ keng⁴），同泊（pag³）有近同意义。

在现代的大都市，宾馆、地下或露天的停车场都会竖立一个写着英文 parking 的指示牌，你要找停车场，要泊车，找拍琼啦！

352. partner /ˈpɑːtnə(r)/ n. 伙伴、同伴、合伙人、搭档

译作拍娜（pag¹ na⁴），广州话译作拍㜽（pad¹ na⁴）或派拿（pai³ na⁴）。恩平方言讲的拍档、伙记，等同于英文的拍娜。

【例】①阿甲问阿乙，今晚舞会揾到拍娜未啊？（问找到舞伴、搭档没有）

②做生意找到一个好拍娜胜算更大。（指合作者、合伙人）

353. partnership /ˈpɑːtnəʃɪp/ n. 伙伴关系、合作关系、合伙人身份

念拍娜涉（pag¹ na⁶ sib⁶）。

拍娜是伙伴、合伙人，而牵涉到伙伴、合伙人的拍娜涉就成了伙伴关系、合作关系，合伙人身份。

354. part-time /ˌpɑːtˈtaɪm/ adj. 部分时间的、兼职的

念柏歪（pag¹ cai¹），意为柏差（pag¹ cai¹）。

利用业余时间去兼职、打散工的差事叫柏差。例如，有的留学生会利用课余时间找一份柏差做做，既接触社会长见识，又挣点外快补贴生活，一举两得。柏差又可释作"炒羹"，意为赚取额外饭菜钱；或释作"炒更"，指捞外快是熬夜加班的辛苦工作。

355. party /ˈpɑːtɪ/ n. 社交聚会，晚会，舞会

译作派对，普通话念 pài duì，是个意译，发音离洋腔远。恩平话同广州话一样把文字释作派对，但发音参照英文念作 pad¹ ti⁴（柏 ti⁴），以保留英文原腔。

【例】①小芳约了七八个同班同学在家里搞了个生日派对（pad¹ ti⁴）。

②公司今天挂牌开张，老总指示今晚开个派对（pad¹ ti⁴）贺一贺。

356. pass /pɑːs/ vt. & vi. 走过、通过（考试、检查等）、递给、传球

恩平音念扒丝（pa¹ su⁶）。例如打篮球，给队友传球叫扒丝。你问考驾照的朋友，这次路考有没有通过？对方答扒丝啦！表明已合格过关。

357. passenger /ˈpæsɪndʒə(r)/ n. 乘客、旅客、行人

谐音念匹羡谢（ped¹ sin⁶ zia⁶），近似泊船者（pag³ sin⁴ zia¹），搭船（乘船）的男男女女不就是乘客、旅客吗？

358. passport /ˈpɑːspɔːt/ *n.* 护照

念扒示泼（pɑ¹ si⁶ pod⁶）。

护照是由国家主管机关发给出国旅游者、执行跨国任务者或在国外居住的本国公民的证件，证明其国籍和身份。出国办签证、过海关都要扒出相应证件显示一下，那证件就是扒示泼。英文passport由单词pass（表示通过）和port（表示港口）组合而成，意为证件已通过验证、有效，可以出港，亦即可以出境入境。另外，钵（bod⁶）与泼（pod⁶）有点谐音，扒示泼与扒示钵发音挺相近。而衣钵作为僧人外出化缘的道具，也代表着身份。故护照作为出国人员必须出示的身份证件，把它当作护身的砵称之为扒示砵也说得过去。

【例】①你想出国旅游，先去办了扒示泼再讲。

②到了旅游国，扒示砵成了重要身份证件，要随身携带保管好。

359. peel /piːl/ *vt.* 剥皮、剥落、覆盖层脱落　*vi.* 剥落、脱落、揭掉、表面起皮

念披露（pi³ lu⁶）。

剥掉皮、揭开表面层，或覆盖层脱落、内层暴露于光天化日之下，都等同于披露。

360. peg /peg/ *n.* 挂钉、挂钩、钉、桩、爪

恩平方言有与英文相同的peg音，字面记作撇（普通话piě，恩平话分别念pid⁶和peg³）。

【例】①恩平方言把大象的鼻子叫作象撇（ped³），象撇（ped³）的形状就像个挂钩。

②农村人担谷用的担竿（担挑、扁担），两端有用竹钉或木钉做成的peg，它固定在扁担两头，这样，挑起箩筐绳子就不会从两端滑开，挑起簸箕，簸箕的耳朵也不会脱落。

③过去，农家在泥砖墙上用木楔做成钉子挂东西，都习惯把这个木桩子叫作撇（ped³）。

恩平方言的撇（ped³）同英文的peg在发音和词义上如此近似，挺特别的，须知，普通话和广州话里都找不到和这个peg一样的（音和义）解释啊！

361. pence /pens/（penny的复数）*n.* 便士（美国、加拿大的一分钱）

念贫士（pen⁴ su⁶），通译为便士（普通话biàn shì，恩平方言bin⁶ su⁶）。贫

士乃一介穷人，他的身价只值一分钱、一个便士。

362. percent /pə'sent/ *n.* 百分比，百分数　*adj. & adv.* 百分之……

念怕辛（pa³ sen³），比广州话译作巴仙（ba¹ xin¹）更接近洋腔，而实际上，广州话虽然用巴仙两字，但它仍念pa³ sen³而不是ba¹ xin¹。

怕辛的发音接近拍散（pag³ san¹），百分比就是将完整的100拍散为若干份，每份所占比例的意思。因此，从发音和意译的角度，用拍散来表示百分比、百分数似乎更合理。

【例】①甲乙两人合股做生意，甲占股权51，乙占49，意味着甲方占51个怕辛，乙方占49个怕辛。（口语化表达）

②赛会设定一、二、三等奖的分成比例为一等奖占50%、二等奖30%、三等奖20%，换言之，三个奖项的总奖金拍散为50、30和20个怕辛。（音、意表达）

363. pert /pɜːt/ *n.* 无礼、冒失　*adj.* ①（尤指女孩或年轻女子）无礼的、冒失的　②好玩的、别致的、精神的

念泼（pod³），与洋音近。

恩平话的泼也有类似英文亦正亦反两面意思。例如，撒泼耍赖，就有无礼、冒失的意思；泼妇指凶蛮不讲理的妇女，不用说也是无礼的。如果泼用在下面场合则是另一番景象，如生性活泼、活泼好动、性格泼辣，此时的"泼"体现的是聪明生鬼，精神利索、朝气蓬勃、好玩。

364. pew /pjuː/ *n.* 座位　*v.* 排座位

恩平方言经常用到英文pew这个音，近似念摽（piu³）的高音（piu¹）。

例如，将旧墙纸摽下来，表示撕下来、剥下来；一块纱布摽开两塞，表示撕开两半；摽溶摽烂表示撕得粉碎；裤子被撕破称之为摽烂条裤；等等，念的都是英文的pew音，与方言的piu¹音一致。

摽虽然与座位无关，但是与排座位的动作有类似意思。排座位不就是安排、分配的意思吗？而摽开两塞每人一半、摽开几份人手一份也是一种安排、分配。

还有，影院、戏院凭票进场，对号入座，找的就是座位。旧时戏院卖票，售票员从一沓戏票中一张一张按顺序摽下来卖给观众，就是排座位。如果你

买的是集体票，就少不了一大张的连号票，也要一张一张撩开来分给大家，也等于排座位。

365. pick /pɪk/ *vt. & vi.* 凿、掘、采、摘　*n.* 镐、锄

译作劈（peg¹），音、义接近。

在恩平乡间，用镑（锄头）、用尖嘴锄（镐）去凿、去掘、去锄可以讲作劈。例如，用锄头把大块的泥土劈开劈碎、用鹤嘴锄把木头劈开，这里面所念的劈（peg¹）就是英文的pick。

366. picnic /ˈpɪknɪk/ *n.* 郊游、野餐　*vi.* 去郊游、去野餐

记作劈搦（peg¹ neg¹）。

现代人工作忙碌，生活节奏紧凑，需要各种丰富多彩的业余生活来调节，旅游、登山、散步、游泳、阅读、唱歌跳舞等都是很好的休闲方式，当然，去劈搦——搞一次郊游、野餐也是不错的选择。

367. pie /paɪ/ *n.* 馅饼

译作派（pɑi¹），音近。

在披萨店和一些宾馆酒楼，会推出一款用面粉和水果粒或水果薄片做成的美食，英文叫派，国内叫薄饼、馅饼，洋气一点也叫派，按所用水果馅料不同，这些薄饼分别叫作香蕉派、苹果派、菠萝派……

368. pingpong /ˈpɪŋpɒŋ/ *n.* 乒乓球、台球、乒乓球运动

念拼庞（peng³ pong⁴），记为乒乓（普通话pīng pāng，广州话bing⁴ bang⁴，恩平话beng¹ bang¹），模拟打乒乓球的乒乓乒乓声音。咱们国家的乒乓球运动被世界公认为中国的"国球"。至于这一运动的起源地，却是英国。

369. pizza /ˈpiːtsə/ *n.* 意大利薄饼、比萨饼

念披莎（pi³ sa³），普通话记作比萨（bǐ sà），在广州及广东省各地，人们大都习惯叫意大利式薄饼为披莎，把售卖这种薄饼的店铺叫披莎店。披莎的音是不是比比萨的音与洋腔更近一些？

370. play /pleɪ/ *n.* 游戏、玩耍、娱乐、比赛　*vt. & vi.* 玩、游戏、演奏、表演

念披骝（pi³ lei¹），英文所指游戏、玩耍的事无意中同中文的骝字扯上点

关系。恩平方言把猴子称为犸骝（ma¹ lei¹）、犸骝仔（ma¹ lei¹ zai¹）。犸骝生性好动、调皮、活泼、有灵性，喜欢闹、喜欢动，没料到play（披骝）披着猴子外衣玩耍来了。

371. play（披骝）还可以玩成（衍绎为）下面样子：

playboy /ˈpleɪbɔɪ/ *n.* 花花公子、纨绔子弟

念披骝辈（pi³ lei¹ boi³⁻²），意为玩辈（wan¹ boi³⁻²，玩字在此念wan¹不念ngun⁶），风流贪玩的一族，直指富贵人家中不务正业、只知吃喝玩乐的子弟，亦即花花公子、纨绔子弟。

playbox /ˈpleɪbɒks/ *n.* 个人玩具用品箱

念披骝箔（pi³ lei¹ bog⁶），它不像金箔银箔那么贵重，只不过是用来盛放玩具的箔，一个玩具箱。

playday /ˈpleɪdeɪ/ *n.* 休息日、非正式比赛

念铺骝逗（pu³ lei¹ dei⁶），这一天可以逗玩逗乐，可以逗留在家，可以逗留在学校、单位、店铺里休息，它是个休息日。它还表示非正式比赛，例如，两位棋手在店铺里对弈，虽然斗得难解难分，但是输赢不计成绩，彼此娱乐一天而已，就把它算作铺骝逗或铺里斗。

playsuit /ˈpleɪsuːt/ *n.* 运动衣服

念披骝绶（pi³ lei¹ xiu⁶），不是指披戴绶带，而是指穿的运动衫裤。

372. please /pliːz/ *int.* 请

念披李事（pi¹ li¹ su⁶），披李事就是"请"那么回事。

【例】①识登（seg¹ dang³）披李事是请你在凳子上坐下那么回事——<u>Sit down please</u> /sɪt daʊn pliːz/。

②仕诊答（su⁶ cen¹ dab¹）披李事是请你起立那么回事——<u>Stand up please</u> /stænd ʌp pliːz/。

③冚勉（kem¹ min⁶）披里事是请你进来那么回事——<u>Come in please</u> /kʌm ɪn pliːz/。

④披里事吉答（ged¹ dab¹）是请你起床、起立——<u>Please get up</u> /pliːz get ʌp/。

⑤披里事懂拉裤（dung¹ la¹ fu⁶）是请你别笑——Please don't laugh /pli:z daʊnt lɑ:f/。

373. pose /pəʊz/ *n.* 姿势、姿态　*vt. & vi.* 照相、绘像时作出的姿势

念剖示（pou³ si⁶⁻⁵），广州话叫甫士（pou¹ xi⁶）。

剖示（甫士）就是通过某个动作摆出一种姿势。例如，旅游、聚会、搞活动时，拿手机或相机拍照的人叫大家摆个剖示（甫士)，那么，一个微笑、或举双手欢呼、握拳伸出大拇指、伸出两个手指组成V表示胜利、OK等动作都算剖示（甫士）。

【例】因为她接受过模特培训，所以摆起剖示（甫士）来有模有样。

374. postbox /ˈpəʊstbɒks/ *n.* 信箱、邮箱

念剖示箔（pou¹ si⁶ bog⁶）。

前面有个披骝箔（playbox）表示玩具箱，这里的剖示箔解作邮筒、邮箱。

375. postcard /ˈpəʊstkɑ:d/ *n.* 明信片

译作剖示卡（pou¹ si⁶ ka¹），广州话甫士咭（pou¹ xi⁶ ked¹）。

剖示卡本为一张空白的或印有图案、文字的硬纸片，专供写信用，邮寄时不用信封，贴上邮票裸露寄出，所以叫它明信片。剖示卡可以当纪念品收藏。

376. pound /paʊnd/ *n.* 磅、镑

谐音念作镑（pang¹）。

❶译作磅（普通话bàng，广州话同恩平话bong⁶）。磅为英美制重量单位，1磅=453.6克=0.4536公斤。

❷译作镑（发音同磅），镑为英国货币单位，一镑合一百便士。

377. powder /ˈpəʊdə(r)/ *n.* 粉、粉末

谐音念跑哒（pou¹ dad⁶），译作炮打粉（pou³ da¹ fun¹），指粉状、粉末状物质。广州话叫泡打粉（pao¹ da² fen²）。

炮（泡）打粉又称发粉（普通话fā fěn，恩平话fad³ fun¹）或焙粉（普通话bèi fěn），是碳酸氢钠、酒石酸和淀粉的混合物，用于发面做馒头、包子、松糕什么的，有的地方叫起子（普通话qǐ zi）。

旧时，农村的妇女逢年过节遇喜庆要挫糍（例如做寿包、发糕）都会用

到炮（泡）打粉，它的作用是让包点、糕点发泡变得又大又松软。这个英文powder把中文炮和泡的威力都包含在里面了。

378. power /ˈpaʊə(r)/ *n.* 权力、势力、影响力、有权势的人、大国、强国 *vt.* 飞速行驶

记作抛吖（pou³ a⁶）。

恩平有句话叫抛浪头（pou³ long⁶ hei⁶），用的抛就是近似抛吖的抛。所谓抛浪头，是指通过语言，把强权、势力、淫威抛给（甩给）对方看，以达到从气势上压制、吓唬、讹诈对手的目的。英文power（抛吖）的词义恰恰表明了这种强权势力。

抛吖还代表大国、强国。超级大国（superpower）的谐音就是首扒抛吖（siu¹ pa⁴ pou³ a⁶），首扒就有以它为首扒头（指领头）的意思。

379. pox /pɒks/ *n.* (医学解析）痘、皮疹、脓疱，（古时解作）天花

记作泡，念朴（pog¹）或博（bog¹）音。念朴（pog¹）音与英文一致，意义相近。普通话泡字念pào，指的是水或其他液体里的气泡或类似泡一样的东西（如灯泡），它不像恩平土话的朴或博那样具有与英文词义痘、皮疹、脓疱那样的意义。普通话把皮肤上长得像水一样的小疙瘩叫疱（pào），意义与英文近同，但是发音有异于英文的pox和恩平话的朴（pog¹）。广州话用了一个瘭字（念pog¹）来代替泡、泡儿，其发音与恩平话朴音相同。需要强调的是，广州话这个瘭字恩平话念作博（bog¹），如此一比较，恩平方言的朴加博比起普通话只念疱（pào）和广州话只念瘭（pog¹）似乎更土更洋更全面一点。

380. problem /ˈprɒbləm/ *n.* 问题，疑难问题

近似恩平音普擸捕淋（pu¹ lab¹ bu⁶ lem⁶），其意指问题，难处。如果在英文problem前面加个no，便成了no problem——脑普擸捕淋。有困难请朋友帮忙解决、手头紧向亲朋借点钱应急，如果对方用脑将你的普擸捕淋变成脑普擸捕淋，那你如愿以偿了，因为他用英文给了你没问题、没关系、没所谓的答复，即是说可以、同意。

381. pudding /ˈpʊdɪŋ/ *n.* (指餐末的）甜品、甜食

念谱定（pu¹ deng⁶）的音与洋文一致。普通话记作布丁（bù dīng），布丁是用面粉、牛奶、鸡蛋、糖和水等制成的西式甜点心。你哪一天有机会在饭

后用恩平方言对洋侍应说一声谱定披里事，保证他的反应比听见布丁普利子（普利子是英文please的普通话谐音）要快，因为pudding的首音节是pu（谱）开头而不是bu（布）。

382. pump /pʌmp/ *n.* 泵、打气筒

念镑（pang¹）音与英文近，记作泵（普通话bèng，广州话bem¹，恩平话bung¹），可看出三种话的泵音同样将首音节的p音变成了b音。要保留洋腔味，还是念pang¹吧！

383. putz /pʌts/ *n.*（美）笨蛋、傻瓜、阴茎

近似念魄士（pad¹ su⁶）。

英文（指美式英文）的这个魄士，并非指身壮力健体魄强壮之士，它的含义直指笨蛋、傻瓜乃至阴茎。这就有点出奇了，为什么它的用法与恩平方言中的"粗话"竟有点相似？恩平方言训人骂人（不管对象是壮士力士、上士下士）除用上蠢、笨、傻等字眼外，粗俗一点往往还在词尾把生殖器官也连带上，涉及男的讲到卵（lan¹）讲到撮（cod⁶），涉及女的讲到太（hai³）讲到屄（bid¹），合起来就成了蠢懒（cun¹ lan¹）、笨拙（ben⁶ cod⁶）、傻睇（sua⁶⁻⁵ hai¹）等被认为不文明的语言，看来"粗话"中这种带有原始生态的粗俗还不分国界。

Q

384. quartz /kwɔːts/ *n.*（矿）石英

近似普通话括（kuò）音。

很多人都知道有一种计时器叫石英钟、石英表，它是利用石英晶体的振荡代替普通钟摆而制成的一种高精准计时器，石英两字因人们日常使用钟表而为人熟知，但是把它的译音叫括（kuò）就未必了。

385. quinine /kwɪˈniːn/ *n.* 奎宁、金鸡纳碱

念盖撵（koi³ nin¹）的音近，按普通话记作奎宁（kuí níng），西药名，又叫金鸡纳霜，治疗疟疾，在蚊子施疟的旧社会已为乡间民众熟悉。

LMNOPQ小结

386. LMNOPQ与不同语言发音对比

英文	恩平方言	广州话	普通话
L /el/	e（路、露、鲁）($e^1 lu^6$)		欸鲁（ê lǔ）
M /em/	摁（em^1）		
N /en/			
O /əʊ/	奥、澳、拗（ou^1）		
P /pi:/	披、屁（pi^1）		披、屁（pī）
Q /kju:/	跷、巧、撒（kiu^1）		

由表看出，能用文字表达LMNOPQ这六个原音音素的，恩平方言占了上风。

这一节列举了130多个单词，下面将其分成四大类型，用最直接、最简单的方法重现一回土话与洋腔融汇交织的事实及趣味。

1. 带土洋味的名词类

骝地，lady不是地，而是女人、夫人；

卵，land不是讲粗口，它指陆地、大地；

骝莎，laser不是沙，是激光，又叫莱赛；

擸，lip是唇，又叫口唇擸；

掕直，logic由弯取到直便是逻辑；

抹直，magic魔术，它可以颠倒曲直；

箖奇，lucky奇在幸运、走运；

仔钻（砖），mah-jong指麻雀（麻将），有点像小方砖；

蛮、蚊，man、men老蚊和细蛮仔都是人；

蚊打卵，mandarin不指人不指地，它指普通话、官话；

炆啊，mango芒果，本是论个数而不是论啊计，若做成芒果干，就成了一啊一啊（一块块）了；

尾，meat尾指肉，与味谐音，吃肉当然好味；

膜，maw牛的胃，它的外面包有一层膜，叫牛膜；

娓氏，miss说话温柔动听的姑娘是小姐、是老师；

摩道，model指走在T台上的模特；

摩等，modern指时髦、现代、合潮流的等级；

模，mould模型、模子；

霉，mosit潮湿所致；

满饵，money充满诱惑的金钱，引诱人心的饵；

蜢蜞，monkey集草蜢蟥蜞于一身的是猴子；

猫蚀，music不是猫粮，是音乐；

脑卜，notebook用本子代替脑袋作记录的笔记本，有了它脑袋就不会整天胀卜卜；

腩吧、冧吧，number记住的是门牌、号码、数字；

哦啡事，office是公事私事都可以办的地方——办公室；

碗，one碗是1，一碗仍是碗——数量1，例如，给我来碗饭就是指1碗饭

柯吋，order可作订单，可下命令；

啤，pair一啤即是一双，一对，一孖，一副；

盘，pan既指盘又指平底锅；

撇，peg挂钩、挂钉、担挑两末端的小突起；

拼庞，ping-pong，乒乓、乒乓球运动，它是单人或双人对抗的体育运动，当然要拼，拼到乒乒乓乓声。

2. 动作类

笠，lap，笠住、包住、戴上；

拉裤，laugh，笑，大笑时裤腰带一松，裤子往下掉，得赶快拉住；

溜，lay，解作溜，指躺着往下滑；解作漏，指母鸡在窝里漏蛋（下蛋）；

烙（络），lock，锁住，使固定。用牙钳烙牙便是此意；薄络（驳络）有像锁链状的链条；

碌，look，眼碌碌睁大双眼是在看；

揽，lump，把……弄成一块或归并一起同揽埋一起揽埋一团的意思相同；

抿，mend，填缝堵漏叫抿灰抿水泥抿缝抿罅；

挬（掰），mid，从中间掰开两半；

搦，nick，刻、捏。苹果被指甲一搦会留下刻痕，豆角一搦就摘断、折断；

捏，nip，把捏、夹、咬、钳、掐的意思包罗了；

拗，out，指落后于形势、落后于潮流，或被踢出局；

拗晒，outside，指越出边线、界外；

噁洗，offside，又叫塌筛，指落入陷阱、越位（足球）；

拍、泊，park，parking，停车场停车、拍车、泊船；

摽、票，pew，一沓票子一张一张摽下来（撕下）卖给观众，观众凭票入场找座位；

劈，pick，用镐用锄去凿去掘；

披李事，please，没啥事，就是礼貌地说一声请那么回事；

扒事，pass，爬过去等于通过那么回事；

披露，peel，削去皮、剥掉皮就露出来了。

3. 形容词类

mad，念乜，狂热的、疯了的，恩平方言讲一个人古怪、乜尾、装疯卖傻就用了乜；

maid，念茂，意指年轻少女朝气蓬勃，亦指植物生长茂盛；

maiden，念茂丹，指年轻女子像美丽的牡丹花，女孩取牡丹作名字很普遍；

male，念茂噜，指男的、雄性的；

lame，念骝麻，指麻木到跛的、废的程度；

landmark，念卵麦或卵唛，意为界标、里程碑，恩平方言指人的外表、派头、特征；

land，为陆地、大地，从这一头到另一头远无边际，故两头发生的事也就各不相知，恩平土话那句"land头（卵头）唔知land尾（卵尾）"也就有了知头不知尾、不明原委不明根底的意思，看似粗话，却说明一定道理；

needle，念捏惰，像一眼针、像针鼻，很小、很少；

nice，念呐氏，指好而友善，相处令人愉快，难怪恩平话把呐氏称为好妮，好妮女。

4. 其他洋为中用的例子

ma，妈，是妈；

mammy，妈美、妈咪也是妈；

mother，妈吔还是妈；

market，妈揭是妈咪们爱去的集市；
Made in China，谋殿彩娜，指中国制造，多姿多彩；
massage，勿啥事，难得有空去做一次推拿按摩保健；
mike、microphone，咪、咪咔奉，指咪头、话筒、传声筒；
mind your head，咪做乞，提醒你别埋头埋脑，当心碰头；
nightclub，呐咔腊部是夜总会，不是卖烧腊的；
no problem，柏步滥是问题，脑柏步滥指没问题；
nylon，呐纶即是尼龙；
objection，呷渍顺不是顺从，而是反对；
occupation，噁翘胚顺指职业；
Olympic，亚冧披咔指奥林匹克运动会（奥运会）；
omega，奥美㗎，即系奥米茄（手表）；
OPEC，拗辟，为奥佩克石油输出国组织；
opium，拗便是鸦片、鸦片烟（毒品）；
panda，攀吔，熊猫能攀能爬，真的攀得；
partner，拍娜是同伴、伙记、舞伴或拍档；
partnership，拍娜涉是合伙人、合作伙伴；
passport，扒示泼出示的是护照；
picnic，劈搦是野餐、野炊；
pie，派是薄饼、馅饼；
pizza，披莎，又叫比萨，意大利式薄饼；
pose，剖示，乃摆姿势；
postbox，剖示箔，乃邮箱、信箱；
quinine，盖撑，撑出奎宁，金鸡纳霜。

RST

R

387. rack /ræk/ *vt.* 使痛苦、使焦虑

恩平话和广州话里都有英文这个音，近似广州话唎（1é²）、恩平话冽

（led⁶），意指感觉疼痛、痛苦。例如，伤口很痛叫作损口好冽；心口疼叫心口冽；双眼被汗水腌得很痛叫腌到冽；等等。

388. radar /ˈreɪdɑː(r)/ *n.* 雷达

音念骝叮（lei¹ da⁶），按普通话译作雷达（léi dá），利用发射和接收无线电波进行目标探测和定位的装置。lei¹ da⁶和léi dá两种发音都与洋腔近。

389. radio /ˈreɪdiəʊ/ *n.* 收音机，无线电广播

英式发音骝地桠（lei¹ di⁵ a⁶），美式口音骝丢（lei¹ diu⁶），听无线电广播成了听骝地桠、听骝丢。

390. ramifon /ˈræmɪfɒn/ *n.* 雷咪嗪

谐音念咧美嗪（lid¹ mi⁶ fung⁶）。用普通话译作雷米嗪（léi mǐ fēng），二十世纪三四十年代流行的一种进口西药，专治肺痨疾病，当年雷米嗪（lui⁴ mai¹ fung⁴）这药名在乡间已为民众熟识。

391. random /ˈrændəm/ *adj.* 任意、随便的、胡乱的

记作乱扰（lon³⁻² dem¹），英文的扰（dəm¹）音与恩平话的dem¹音和广州话的dem²音接近，其义含有扔掉、抛掉之意，恩平话和广州话讲唔好乱扰垃圾，意为不要随便乱抛乱扔垃圾。方言那句乱来、乱O咁来，表达的都是胡乱之意。

【例】乱扰垃圾是既污染环境又与社会文明相悖的行为。

392. rayon /ˈreɪɒn/ *n.* 人造丝

近似念骝安（lei¹ on³），指人造丝，普通话记作缥绒（léi róng）。

393. ready /ˈredɪ/ *adj.* 有准备地、准备就绪的 *int.*（发令）各就各位，预备，跑！

近似普通话咧啲（liē dī），常见拍摄现场或舞台上，导演或主持人高喊一声咧啲，意为提醒演员或歌手做好表演准备，开始进入角色。恩平音照念咧啲（liē dī）。

394. reason /ˈriːzn/ *n.* 理由、理性、理智、原因

音念李营（li¹ yeng⁴），近似理性（li⁶⁻⁵ seng³），其音其义与洋文有相似性。

395. recoil /rɪˈkɔɪl/ *n.* 退缩、后退　*vi.* 退却、后退、报应

音、义近似理亏（li³ kui³）。

一场针锋相对的争议，有理的一方挺身而出、理直气壮；而理亏的一方，词穷理尽，不得不低头认错、退避三舍，隐喻退缩、退却。

这个英文单词由（词头）re+coil组成，coil/kɔɪl/的本义，作名词指线圈、盘卷之物，作动词解作"将……卷（盘）成圈或螺旋形"，词头re则有"又""再""重"的意思，故组词recoil便有了将线纱重卷致密、达到"紧缩"的内涵，用恩平方言表达叫"缩纱"，与英文单词解释的退缩、后退应是同一个意思。广州话吧"缩纱"写作"缩沙"，意指碰到困难挫折、或遇到障碍时临阵退缩、打退堂鼓。

396. redeem /rɪˈdiːm/ *vt.* 实践、履行、补偿、补救、用金钱赎回

音念鲤点（li³ dim¹），近似理掂（li³ dim⁶）。

理掂指实践某种行动。

【例】①见朋友违反交通规则被罚款，他告诫朋友要及时理掂才好。（敦促朋友履行执罚制度）

②老板叫财务一定要理掂欠客户的余款，以免失信。（补偿、补救）

③他坦言宁愿花多点钱也要理掂那单官司，把失物要回来。（等于用金钱赎回）

397. rely /rɪˈlaɪ/ *vi.* 信任、信赖、依赖

音念鲤拉（li³ lɑi¹），近似依赖（yi¹ lɑi⁶）。

假如你的领导、你的老板或你的朋友对你鲤拉，表明对你信任、依赖、靠得住。鲤拉和依赖口音只差那么一点点。

398. report /rɪˈpɔːt/ *n.* 报告、报道、传闻　*vt. & vi.* 报告、报道、宣告

音念鲤（理）泼（li³ pod¹），意指报告、报道。因为"鲤鱼"的鲤（li³）同恩平话"唔好理佢"的理（li³）同音，故用理泼比用鲤泼更能体现报告、报道的意义。

报告作动词用，是把事情或意见以正规形式通过口头或书面告诉上级或群众；作名词是将口头或草稿需要陈述的内容形成正式文字，成为文件式样的总结报告、动员报告、形势报告，等等。

简言之，报告就是摆事实，讲道理，然后把道理晒给上级或群众，晒形如洒、形如泼，写报告、作报告成了理泼。

399. rib /rɪb/ *n.* 肋骨、排骨

谐音近似把猎（lib⁶）音升高为lib¹，这样念猎（lib¹）音就与英文相近。

又，恩平话称普通话的肋（lèi）为勒（lag⁶），肋骨（lèi gǔ）成了勒骨（lag⁶ gud¹），俗话称猎（lib¹）。例如说某人骨瘦如柴，胸部只见两棚猎——所指即为两排肋骨。此外，还常常把猎称作瘗仔（yim¹ zai¹）、瘗岩（yim¹ ngam⁴）。

400. ring /rɪŋ/ *n.* 圆圈、环状物、指环　*vt. & vi.* 按铃、闹钟响

❶作名词用：译作零（普通话líng，广州话ling⁴，恩平话leng⁴⁻³）。

零是一个圆圈——〇，一个圆环，像一枚戒指，含义与英文一致。

❷作动词用：译作铃（广州话ling¹，恩平话leng¹）。作动词是粤方言的地方用法，普通话不作此用。

【例】①清早是摸拧柯（morning call）铃（leng¹）他及时起床的。（铃作动词）

②骑单车的人铃（动词leng¹）了好几次车铃（铃是名词leng⁴⁻³），前面那人才赶快让了路。

401. rift /rɪft/ *n.* 裂缝、罅隙

译作罅（念lia⁶或lid⁶），恩平方言讲罅有两层意思，一是念lia⁶，指裂缝，例如，墙上有条罅、砧板裂开一条罅，指的就是裂缝；二是念lid⁶，指小河溪、小水溪，例如乡下田野里的小溪叫作罅或罅仔，村子里巷道的排水沟叫水罅。普通话罅念xià，广州话念la³，以恩平方言念lia⁶或lid⁶与英文的音和义比较一致。

402. rip /rɪp/ *n.* 裂缝、裂口　*vt. & vi.* 撕开、扯裂

记作裂（lid³），音、义与英文近，广州话也念lid⁶，普通话却念liè。

❶作名词用：①墙体一遇下雨便渗水的地方发现有条裂。②木头水壳掉落地面被摔出一道裂痕。③英文的rift和rip，分别译成恩平话的罅（lia⁶）和裂（lid³），两者的意义有相同之处。

❷作动词用：①裤子太紧，往下蹲时把裤裆给裂开了。②好好的一方手帕，生硬被他裂成两塞（指撕裂成两片）。

403. road /rəʊd/ *n.* 路、道路、公路

译作路（lu⁶），其中以广州话的lou⁶（露）音与英文接近，意义相同。普通

话的路（lù）音和恩平话的路（lu⁶）音都离洋腔远了些。

404. rob /rɒb/ *vt.* 抢劫、盗取、非法剥夺、掠夺

译作擸（lɑb³），擸是摄取之意，包括抢、掠、非法获取，其音其义与英文近同。

【例】①小偷从超市擸走一包食品想溜走，被保安及时发现逮住了。（盗取）

②宿舍门口挂着的几把备用雨伞，不知何时被贪心的人擸走了。（非法获取）

405. rock /rɒk/ *vt. & vi.* 摇、摇动　*n.* 石头、岩石、摇滚乐

记作烙（log¹）。

此处的rock同此前讲的lock /lɒk/ 发音基本一致，但是它作动词解释为摇动、使受震动，若解作烙牙，其音其义也切合——钳住牙摇动一下把牙拔下来。

若作名词，它既是石头又是摇滚乐，因此rock又被娱乐圈称为滚石乐队。

406. room /ru:m 或 rʊm/ *n.* 房间、房子、场所、空间

记作笼（念long¹或long⁶），普通话lóng或lǒng，广州话lung⁵。

笼的本义是竹笼，也指用竹篾、木条编织成的盛器，还包括用藤条或木材制作的较大的箱子。然而无论是小小的蝈蝈笼、蟋蟀笼、鸟笼鸡笼还是较大的灯笼、蒸笼、樟木箱笼，它们都像是一间小房间或一所小房子，持有一定空间，例如，关住鸟兽的小屋叫牢笼，古代押送或囚禁犯人的笼子叫囚笼。

英文把汉语的笼变成room，他们或许不知道，在珠三角一带，普通老百姓经常用一句"白鸽笼"来形容居住的地方狭窄、空间小，这笼指的就是房间、房子和空间场所。在香港，则习惯把面积小、空间狭窄的居所称笼屋。

笼是个古汉字，《汉书·王莽传》《新五代史·王镕传》《庄子·庚桑楚》等著述中可以寻踪，由此看，应该是先有笼而后有room。

407. root /ru:t/ *n.* 根、根源、根基、祖籍、原籍、老家、祖先

记作庐（普通话lú，广州话lou⁴，恩平话lu⁴），其中普通话和恩平话的发音与英文接近。

庐是简化字，它的繁体为廬，字面意义指简陋的房屋，例如，茅庐指草

屋、茅舍，《三国演义》有刘备三顾茅庐的章节，诸葛孔明当时住的便是茅舍草屋。不过，千万别因此小看了"庐"的简陋，君不见庐字不但孕育了"七尺"男儿，还隐藏着"厂房田舍""杯盘器皿"，俨然代表着一个幸福温暖的家，代表着乡里人由小到大眷恋的"老巢"，亦即普通话说的鸟巢的巢、鸟窝的窝，或五邑方言说的雀窦的窦。它还是碉堡，可瞭望放哨，可防贼拒敌。"庐"这个祖家，是海外华侨魂思梦牵的后花园。

在五邑侨乡，茅舍草屋难见，碉楼炮楼和庐却不少，开平台山有，鹤山新会有，咱恩平也有（现存800多个）。它们都各自起了名字，其中以繁体庐字命名的×庐、××庐最常见。开平碉楼更是以其不同凡响的"庐"山真貌，用"开平碉楼与村落"的项目题名申请世界文化遗产，并于2007年6月28日在新西兰基督城召开的第31届世界文化遗产大会上顺利通过表决，被正式列入《世界遗产目录》。

碉楼炮楼和庐大多是当年华侨和有钱人家独家或集资兴建的西洋式建筑，雄伟壮观，造价不菲，为啥却冠以一个庐字，把自己定格为茅舍草屋呢？

据有学识之士认为，它体现了一种谦逊、文雅和务实的精神。这有道理，用今天的话说，这叫"低调"。试想，这碉楼一建，无异于财已露眼，如还张扬，容易招来嫉妒是非。

另一个重要原因，从寻根和恋家的角度还可以延伸作如下解释。

英文的root /ru:t/（庐）解作根源、根基、祖籍、原籍、老家、祖先等意思。当年的华侨和乡人受到西方文化的影响，以root为庐，然后在前面加上姓、名或字号而成为×庐、××庐，既表征独家拥有、光宗耀祖，又在深层次上表现了饮水思源、落叶归根、爱国爱乡、尊重祖先的情怀，庐是传承祖祖辈辈优良传统观念的体现，庐就是家，就是窝，就是窦，就是根，就是祖籍所在。

可否这样说，华侨的子孙后代，在国外定居若干年、经历若干个世代后，后人思念祖先，要回唐山（祖国）寻根，他们要寻的，就是庐（root）吧！庐，乡愁，家国情怀，就是"我的中国心"。

庐是个古汉字，在《诗经·小雅·信南山》中，在东汉著名天文学家张衡的《西京赋》中，在《周礼·地官·遗人》《汉书·金日磾传》和《三国演义》等著作中都有出现，这足以证明，庐字的资格比英文的root要久远得多！

庐字的传播，印证了它从中国走向海外，通过交流传播，再变成洋文root

传回中国,走了一圈"出口转内销"的过程。

408. route /ru:t/ *n.* 路、路线、路途、路程

译作路(lu⁶)。

前面(403)有个road /rəud/,同广州话的路(lou⁶)接近,此处的route /ru:t/则与恩平话的路(lu⁶)接近,两者皆指路、道路。

【例】①国内的许多大城市都有中山路。(指路)

②去肇庆七星岩风景区走哪条路好啲?(指路线)

③这里到泉林黄金小镇有几远路啊?(指路程有多少)

④来回二十多公里山路的风景好看吧?(路途所见)

409. rpm /ˌɑ:pi:ˈem/

缩写语,念阿披掭(ɑ³ pi¹ em¹),意指每分钟的转数。

【例】高速柴油机的标准转速是5000 rpm。(每分钟5000转)

410. rub /rʌb/ *vt.* 擦、搓、揉

记作腊(lab⁶),英文rub解作擦、揉,而恩平话和广州话讲的腊并非指擦、揉的动作,而是指擦、揉的效果。

【例】①保姆把布满尘埃污垢的玻璃台面擦得腊腊亮。(rub的效果是像反光的金属一样亮)

②临出发他把皮鞋擦得腊腊靓。(rub的效果像打过腊一样靓)

411. run /rʌn/ *vt. & vi.* 跑、移动、逃走、(事物)进行、伸展、(迅速)蔓延

念作跞(广州音和恩平音同念lan¹),音、义与英文近。

跞表达的跑开、爬行、扩展、蔓延等意思可见下例:

【例】①你话调皮仔跞去乃癫呢?(跑哪儿疯玩去了)

②普通话斥人滚开、滚蛋,广州话叫跞尸跞路(lan¹ xi⁴ ged⁶ lou⁶),恩平话叫跞之跞路(lan¹ zi³ ged⁶ lu⁶)。(叫人行开、走开)

③他见到一条毛毛虫在花盆里跞来跞去。(爬来爬去,动作进行中)

④园子里的小白菜长虫子,开头只见一两棵,过了两天竟跞开一大片。(扩展、蔓延)

S

412. safe /seɪf/ adj. 安全的、保险的、不会有危险的

发音与恩平话搜裤（sei¹ fu⁶）差不多，而搜裤等同于搜身。战争年代，敌人在占领区设卡设岗，过往行人都要接受检查、搜身，查看衣服口袋里、裤腰带里、裤管里有无夹带枪支弹药或情报信件。在旧社会的纺织制衣或食品加工厂，当工人下班走出工厂大门时也要被搜身（老板以防止财物被窃为借口）。

搜身又以搜裤最严格，因为它涉及人下体的生理部位。但是，在战时各自为了安全、或是平时为了自家利益的情况下，往往还是不顾人格尊严强制进行了。搜裤成了英文safe，搜裤为了安全，为了保险，说起来有那么点意思。

413. salad /ˈsæləd/ n. 凉拌菜

发音与恩平话洒栗（sa¹ lud⁶⁻⁵）差不多，广州话叫沙律（sa¹ lêd²），普通话译作色拉（sè lā）或沙拉（shā lā）。

414. sales /ˈseɪlz/ adj. 销售的、推销的　n. 销售、销路

发音近似销路氏（siu³ lu⁶ si⁶），简称售氏（siu⁴ si⁶），指销售或推销人员。

【例】他家孩子毕业后应聘到一家保健品公司当售氏，业绩不错。

415. salon /ˈsælɒn/ n.（营业性质的）店铺、厅、院、聚会场所、画廊

发音为耍廊（sa¹ long⁴），普通话为沙龙（shā lóng），泛指文学、艺术等方面人士的小型聚会，如艺术沙龙、摄影沙龙、音乐沙龙等。场所则指展厅、画廊等。总之，到沙龙去就有得耍，不同的沙龙有不同的耍法。

416. salute /səˈluːt/ vt. & vi. 欢迎、致敬　n. 欢迎、致敬、敬礼

念莎噜（sa⁶ lu¹⁻²），解作欢迎、致敬、敬礼，难怪从委内瑞拉回国探亲旅游的乡亲在宴会上敬酒时不忘来一句莎噜，大家随着齐声回应一句莎噜。（莎噜是西班牙文干杯、互致祝福之意。）

417. sandwich /ˈsænwɪtʃ, -wɪdʒ/ n. 夹心面包、三明治

谐音念散域似（san¹ weg⁶ ci⁶）或辛域似（sen³ weg⁶ ci⁶），文字记为三明治（普通话 sān míng zhì，广州话 sam¹ ming⁴ ji⁶，恩平话 sam³⁻² meng⁴⁻² zi⁶）。三明治为夹有肉、干酪等的面包。

【例】假期里他爸妈承诺带他去麦当劳餐厅吃一次散域似。

418. sap /sæp/ n.（口语）指傻瓜、笨蛋、垃圾、废柴

英式口音念雿（sab¹），美式口音念圾（seb¹）。

恩平话和广州话责备一个人傻瓜、混帐叫雿戆（sab¹ ngong⁶、sab¹ ong³），英式口音就是这个雿（sab¹）；甚至又有点过分地把脑子笨、傻傻梗梗的人形容为脑残、废柴、垃圾，美式口音的圾（seb¹）就是垃圾的圾（seb¹）。

419. sardine /ˌsɑːˈdiːn/ n. 罐装沙丁鱼

念作沙典（sa³⁻² din¹），记作沙丁或沙丁鱼（普通话 shā dīng、shā dīng yú，广州话 sɑ¹ ding¹、sɑ¹ ding¹ yü⁴，恩平话 sa³ deng³、sa³ deng³ ngui⁶⁻⁵）。

420. sauna /ˈsɔːnə 或 ˈsaʊnə/ n. 桑拿、桑拿浴、蒸汽浴

英式发音近似广州话疏拿（so¹ nɑ⁶），美式发音近似恩平话耍拿（sa¹ na⁶），文字按普通话记作桑拿（sāng ná），恩平话和广州话桑拿念 song⁶⁻⁵ na⁴。

桑拿（浴）起源于芬兰，又称芬兰浴，是一种利用蒸汽排汗的沐浴方式，改革开放后逐渐为国人接受，被用作休闲和保健养生。这么一说，疏拿便有了英文疏乎（soft）——放松、舒筋活络之意；耍拿便有了放下繁忙工作去放松减压之意。还有，恩平音的桑拿，同爽哪（song¹ na⁶）谐音，桑拿焗出一身臭汗，周身轻松，精神倍爽——爽哪！

421. Scotland /ˈskɒtlənd/ n. 苏格兰

用恩平方言套，英国——英格兰 England 念作英隔邻（yeng¹ gad³ len⁴），此处苏格兰 scotland 念作丝葛邻（su⁶⁻⁵ god¹ len⁴）。

422. sea /siː/ n. 海、海洋

大海、海洋这个英文发音，同广州话的私、司、思、斯几个字的发音（si¹）相同，恩平话则只能无奈套上鼠、死、屎这几个音（si¹），相比文字上有点不雅。连想起曾听到有人吵架闹至不可开交时互骂对方"去死"、去"跳海死"，从英文把大海、海洋念作死或屎这个角度看，这话很损人，因为真的跌落大海，即使不被淹死也会惹出许多麻烦——即惹出一身屎。用恩平方言套英文的 sea 真的不咋的，还不如直接用英文字母称她为"C"。不过，话说回来，英文还真有死海这个词，记作 dead sea 或 The dead sea。国外的死海位于以色列、巴勒斯坦和约旦交界处，是世界上海拔最低的盐湖。我国也有两处死海，分别在山西省运城和四川省遂宁。真没想到，恩平方言念的死音同英文 sea /siː/ 如此一致，死海成了 sea 海，"土""洋"结合在一起了。

423. seafood /ˈsiːfuːd/ *n.* 海鲜、海产食品

近似念作鼠拂（si¹ fud⁶）。念作屎佛（si¹ fud⁶）也同音，但显得不恭，没有谁敢把海鲜、海味当屎当佛来吃吧？英文却从了这个谐音。

424. see /siː/ *vt. & vi.* 看见、观看、理解、领会

这个解作看见、理解的see（动词）同解作大海、海洋的sea（名词）同音，念鼠、死或屎（si¹），这样英文的I see /aɪ siː/（意为我理解、明白）便成了恩平话挨鼠（ɑi³ si¹）；I see you /aɪ siː juː/（意为我看见你）便成了恩平话挨鼠妖（ɑi³ si¹ yiu¹），用恩平音和字表达see和sea这两个英文词，总给人有点不够文雅的感觉，故此处用鼠规避了死和屎。

425. sell /sel/ *vt.* 经销、推销 *vi.* 卖、出售、有销路 *n.* 销售

译作赊（普通话shē，广州话sé³，恩平音siɑ³）。

赊的本义是赊欠，即双方交易时买方延期交款，卖方延期收款，亦即先赊货后付款。赊成了英文sell所指的经销、销售、买卖的一种交易方式，例如赊数（siɑ³ su³⁻²）、赊货（siɑ³ fuɑ³）、赊款（siɑ³ fon¹）。

426. sh /ʃ/ *int.* 安静、静一静

记作嘘，有两种念法，一为普通话shī、广州话xi¹、恩平音si³，三种音都与洋腔近；另一为普通话xū、广州话hêu¹、恩平话hui³，只有普通话与洋腔近。拟声字嘘的词义与英文一致，是吁请人静一静、停一停、安静下来的意思。

427. shake /ʃeɪk/ *vt.* 动摇、摇动、摇撼、使发抖 *vi.* 摇（出）、抖（掉）

记作搜（sei¹），汉语搜的本义是寻找、寻求、检查之意，如搜集、搜寻、搜罗、搜查、搜身、搜捕等，而恩平方言除了上述解法，还有指猛揍、猛打的意思，有让人受到震撼、抖动的感觉。

【例】①因为在外面打架招惹是非，他回到家被搜了一餐。（被狠狠地教训了一顿）

②如果他乖乖地听话，何至于被搜一身脍的呢？（何至于被藤条加棍棒伺候）

③搜死佢，搜佢一餐脍嘎！（狠狠地揍，让他服贴为止）

428. shame /ʃeɪm/ *n.* 羞耻、羞辱、羞愧

恩平方言谐音记作羞（sei³），发音近同瘦（sei³）。而普通话羞念xiū、广州

话羞念seo[1]，都不近洋音。

恩平有句话叫瘦人虫（sei[3] ngen[4] cung[4-2]），所指不是讲人肥瘦，而是牵涉到好与丑，对于丑陋、羞耻、羞愧的行为，对于哭蛮、扭计、丑鸡丑氏的孩童，往往被人戏谑、取笑、羞辱，其丑变成羞，瘦人虫实际为羞人虫。

英文的shame只不过在汉语的羞音（指恩平方言sei）后面多加了个m变成/ʃeɪm/而已。

429. shampoo /ʃæmˈpuː/ *n.* 洗发剂、洗涤剂、洗发香波

念作渗普（sam[3] pu[1]）。

外出旅游，要住宾馆酒店，走进浴室间会见到诸多配套的沐浴品、化妆品，其中瓶子外面印有英文字样shampoo的就是洗发剂（渗普）。当然，你没去旅游，在超市的洗涤剂柜台也可以找到渗普。

430. share /ʃeə(r)/ *vt. & vi.* 同享、共享、分配、分派

念泻（sia[1]）、舍或卸（xia[3]），普通话念泻xiè和广州话念泻sê[3]，三者都与英文的音接近。

泻的本义指液体或某些固体物质迅速地流出、铺开。例如泻水、泻泥、泻沙、泻垃圾等，其泻的过程就好比一个从统一（即共享）到分配（即分派）的过程。卸东西的卸也有类似解。

舍的意义为施舍、舍得，明显含有同享、共享、分派的意义。从当今的角度看，它还可以表作晒（sai[3]），如时下流行在网上、在手机晒自拍、晒靓照、晒生活、晒幸福，这个晒其实与英文的泻、卸和舍一样，是在与亲朋好友共同分享。英文一个单词share，把汉字泻、舍、卸的含义综合起来用至恰到好处。

431. shark /ʃɑːk/ *n.* 鲨鱼

记作鲨，古字为鲛，普通话念shā，恩平话念sa[3]。鲨是鲨鱼的简称，常见的有真鲨、角鲨、大白鲨，等等。鲨又叫鲛、沙鱼。

432. sharp /ʃɑːp/ *adj.* 锋利的、尖锐的　　*adv.* 突然地、急剧地、尖锐地

记作铩（普通话shā，恩平话sad[3]），铩是我国古代一种长矛，一种兵器，尖锐、锋利无比。至今，恩平方言还用铰剪铩、剪起东西来铩铩声以表示剪刀的锋利。方言里这个锋利、尖锐的铩（sad[3]）还变音为圾seb[1]，"圾"代表

竹、木或荆棘尖锐的刺，无论是竹刺木刺还是荆棘的刺，亦无论这个刺刺到身上或手或脚哪个部位，方言谓之"督了一口圾"，意为被锋利尖锐的刺刺了。

433. shilling /ˈʃɪlɪŋ/ *n.* 英国1971年以前的货币单位，为1/20磅

念施令（si³ leng⁶），普通话记作先令（xiān ling），广州话和恩平话将先令念xin¹ leng⁶，先令的洋腔味不及施令。

434. shirt /ʃɜːt/ *n.* 衬衫、衬衣

同广州话一样记作袖（广州音恤 sêd¹、恩平音 sod¹），乡里人习惯把衬衫叫袖衫（sod¹ sam¹），把球衣称为波袖或波袖衫（bua³⁻² sod¹ sam¹），把球裤称为波袖裤（bua³⁻² sod¹ fu⁶）。

435. shock /ʃɒk/ *n.* 震动、打击、电击　*vt.* 使……震惊、使……恐惧、使受电击

译作索（sog¹，塑音），乡间有句威慑的话叫索死佢（sog¹ si¹ kui⁴），意指用绳索勒，或用其他恐怖手段去打击对方，小孩子听到大人骂这句话都有恐惧、战战兢兢的感觉。

436. shoo /ʃuː/ *int.* 嘘、走开

译作嘶（su³），乡民在稻田里、在地巷（晒谷场）驱赶雀鸟、驱赶鸡鸭发出的声音就是如英文一样的嘶—嘶声，比 sh /ʃ/ 的嘘音音量高而且长。

437. shopping /ˈʃɒpɪŋ/ *n.* 买东西、购物

英式发音近似削平（siog³ peng⁴）。买东西、购物怎么扯上削平呢？原来是顾客见到超市、商场琳琅满目的商品，这个需要、那个想买，结果兜兜转转，大包小包买了一大堆东西，真有点非把货架扫平不罢休的气势。扫货、大把大把买东西成了削平。

美式发音近似霎拼（sab¹ peng³）。生活紧张，时间宝贵，脚步匆匆，总有顾客争分夺秒以霎那间最快的速度把所需东西买下来。

霎拼、削平体现了商场买东西、购物的情景。

438. short /ʃɔːt/ *n.* 短路　*adj.* 短的、矮的、低的、弱智的

广州话、恩平话分别念恤 sêd¹ 和 sod¹。

恩平方言往往把一个神经质或傻里傻气的人称为黐线、黐线佬。所谓"黐

线",用物理和电器术语解释,一是意味着电话线路交搭在一起使人听不清楚;另一种情况是两根带电的电线没有通过电器连接而直接对碰造成短路。故黐线、短路与恤有同解。

转为英文,说某人恤恤地、恤咗、恤嘎,其意指他黐线、低能、弱智。

439. shot /ʃɒt/ *n.* 投篮、射门、击球、开枪、射击

其音其义近似摔(sud¹),一层意思指投篮,如摔波摔中了是指投篮投进篮筐了,摔唔中指没投进;另一意思指击、打、揍,例如摔死佢指掼死他、打死他,摔佢一餐脡㗎指揍他一顿狠的。

440. show /ʃəʊ/ *vt. & vi.* 显示、给……看、展出、展示、上演

译作骚或搔(同念sou³),与普通话念sāo和广州话念sou¹或秀(seo³)基本同音。

汉语讲的搔首弄姿,包括涂脂抹粉、装腔作势、卖弄风情,所做的一切都是摆弄给别人看的,又叫卖弄风骚。以旧眼光看,这种展示给人看的骚往往被讥讽为姣,尤其对女性,甚至被斥为姣货、骚货。只是到了如今,时代变迁,观念改变,这个骚的含义冲破了旧传统的牢笼,赋予了新的内容,骚(搔)成了秀,秀出了美丽,潮流已习惯把服装模特、内衣模特、车模以及明星演唱会的表演称为骚——恩平话叫作模特搔、车模搔、歌星搔,广州话叫模特秀、车模秀、歌星秀。普通话也引用秀字,可惜发音成了xiu,远离了洋腔味。

【例】①展会的压轴戏是内衣模特做搔。(表演)
　　②健美表演赛可以欣赏到健儿如何秀肌肉。(展示)
　　③普通话讲的做骚(zuò sāo)、作秀(zuō xiù),指的就是表演、展示、展出。

441. shut /ʃʌt/ *vt. & vi.* 关,关上

记作刹(sad³),与洋文的音和义近,意译可记为闩(san³)。

刹的组词有刹车、刹掣、刹住、急刹等等,虽然与关字没有发生直接关系,但其意体现了关掣、关住、截住、止住的意思,例如紧急刹掣、紧急刹车就是要关停动力来源,使机器停止运转。

闩则直接表达了关或关上的意思。

【例】①外面风大，请把门闩上。（关上）
②是谁无缘无故把门闩死了？（关死了）
③前面出现突发情况，他紧急刹车。（刹掣、关油门）

442. sigh /saɪ/ *n.,vt. & vi.* 叹气、叹息

恩平音记作洗，广州话记作唏。洗、唏同念 sai¹，与洋音同。

恩平话讲洗气（sai¹ hi³）和广州话讲唏气（sai¹ héi³）意指白操心、白费气力、无所得益。做了劳心劳力的事到头来得个桔（得个零），是多么令人惋惜、令人叹气叹息啊！这就是英文的 sigh！

443. silk /sɪlk/ *n.* 丝、绸

恩平音近似念鼠路卡（si¹ lu⁶ ka⁶），文字记作丝（普通话 sī，广州话 xi¹，恩平音 su³），或用广州话记作丝来㗎（xi¹ loi⁶ ga³）。

英文 silk 的发音源自广府话，依据是丝绸的原产地在中国。在广东顺德一带，自古就是蚕桑之乡，盛产蚕丝、绸缎及薯莨纱等丝织品，而古都广州是当年的著名商埠，外商（洋人）来埠经商者众多，见到真丝织品大加赞赏，遂打听这些土产谓何宝贝，时人用广府话回答，是"丝来㗎"（xi¹ loi⁶ ga³）"。

英文将丝来㗎最后拼成 si—l—k（silk），其中丝用了普通话的 sī 音（同广州话的 xi¹ 音），来用了 loi⁶ 的字首 l，㗎用 k 代替了 ga³。丝来㗎里面来㗎两字是广府话和恩平方言的口语表达方式，普通话里不用。

444. sing 与 song

sing /sɪŋ/ *vt. & vi.* 唱、歌唱

song /sɒŋ/ *n.* 歌、歌曲

sing 念醒（seng¹），song 念爽（song¹），也就是说，醒是唱，爽是歌，醒爽的英文 sing song 就是唱歌，醒阿爽（sing a song）也是唱（一首）歌。恩平话醒爽（seng¹ song¹）两字的发音同英文 sing song 是如此一致，难怪恩平人那么中意这个爽字。亮吤，唱歌跳舞开心快乐，直情係爽（song¹）爽（song¹）啦！

但是普通话爽字念 shuǎng，广州话念 song²，与洋音对接都不及恩平话的 song¹ 贴切。

445. sinology /saɪˈnɒlədʒɪ/ *n.* 汉学

发音近似晒脑列治（sai³ nou¹ lid⁶ zi⁶），意义近似洗脑来治（sai¹ nou¹ lai⁴

zi⁶）。因为恩平话洗（sɑi¹）同使用的使（sɑi¹）同音，洗脑来治也即是使用脑子来治，用脑来治。

英文为啥把中国的汉学看作洗脑来治那么深奥呢？如果一定要找点原因，臆测有以下两个方面。一是"汉学"始于我们的先祖——汉代人，他们研究经学着重于名物（指事物及其名称）、训诂（语言学的一个分支，旨在对古书字句做解释）所涉及的学问，后世之人因而称研究经、史、名物、训诂、考据之学为汉学。汉学门类诸多，学问高深，无疑需要用脑用心研究。二是在外国人心目中，"汉学"是研究中国的文化、历史、语言、文学等方面的学问，研究汉学，无疑是在做着很大的学问。

汉学既然如此丰富多彩，如此博大精深，要做学问，当然要专心用脑来治了——晒脑列治，洗（使）脑来治！

446. sip /sɪp/ *n.* 一小口的量、小口喝　*vt. & vi.* 小口喝、呷

念作湿（sip¹），音、义与英文近同。

【例】①你觉得渴是吗？饮唥矿泉水湿湿个嘴啦！（喝一小口）

②病人尚不方便进食，护士隔一定时间拿棉签醮水让他湿湿嘴唇。（让病人解渴）

447. size /sɑɪz/ *n.* 大小、尺寸、尺码

念洗士（sɑi¹ su⁶），同广州话念晒士（sɑi¹ xi²）接近。

【例】①这双皮鞋结实、漂亮，只可惜洗士唔啱。（尺码不合脚）

②他按照亲戚交待的晒士要求，把一应衫裤都买好了。（按尺码大小）

448. sly /slaɪ/ *adj.* 狡猾的、狡诈的

按音按义记作耍赖（sa¹ lai⁶），普通话念shuǎ lài，广州话sa² lai⁶，音、义皆与洋腔接近。

耍赖（包括诬赖、抵赖、死赖）的行为皆属于狡猾、狡诈行为。土话里有句赖猫（lai⁶ miu¹），广州话叫lai³ mao¹、赖皮（lai⁶ pi⁴），形容人做了错事还抵赖不认账，隐含了狡猾、狡诈的意思，那个赖音同英文sly的/laɪ/只不过音调高低不同而已。

449. sod /sɒd/ *n.* 愚笨的（男）人、讨厌鬼

近似念嗦（sod¹），近同于怸（sod¹），土话讥讽别人愚笨、弱智称为嗦嗦

地，与恤恤地谐音、同解。广州话也同恩平方言一样把恤恤地念成 sod¹ sod¹ déi⁶⁻² 而不是 sêd¹ sêd¹ déi⁶⁻²。

450. soda /ˈsəʊdə/ *n.* 苏打、苏打水、汽水、碱

音念嫂哒（sou¹ dad⁶），文字按普通话记作苏打（sū dǎ），按广州话记作梳打（so¹ da²），是碳酸钠、纯碱的洋称。恩平话苏打（su³ da¹）的音同普通话 sū dǎ 基本一致。

451. sofa /ˈsəʊfə/ *n.* 沙发

音念嫂化（sou¹ fa³⁻²），文字按普通话记作沙发（shā fā），按广州话记作梳化（so¹ fa³⁻²）。恩平话习惯同普通话一样记作沙发（sa³ fad¹⁻³），口语则常念梳化（so¹ fa³⁻²）。

452. soft /sɒft/ *adj.* 温柔的、轻柔的、温和的、软的

恩平音和广州话念疏乎（so¹ fu⁴），与普通话念梭负（suō fù）的音皆与英文近，词义上把英文的温柔、轻柔、温和、软绵演绎为轻松、放松、柔和、舒适、舒服。

【例】①他躺在那张柔软的长沙发上觉得好疏乎。（很舒服、很享受）

②呢个周末想去乃疏乎啊？（意为本周末打算去哪儿休闲放松）

453. some /sʌm/ *pron.* 一些、若干、部分

记作沁（sem¹），与洋腔近同。广州话也念 sem¹。

然而普通话沁字发 qìn 音，解作渗入、浸润的意思。例如沁（qìn）人心脾、额头沁（qìn）出汗珠等。

恩平话的沁念 sem¹ 而不念 qìn，它与普通话不同的是，除了解作渗入、浸润，还可以解作撒、洒、放落等意思。

【例】①天光时沁了几滴雨，路面有点湿。（洒落一点点雨）

②这汤的味道太淡了，沁几粒盐再喝吧。（撒一点点盐）

③刚种下的菜苗，要沁一点水让它滋润滋润。（洒一些水）

由例子看出，沁（sem¹）的后面连带着个数量词——几滴、几粒、一点点，英文 some 所表达的词义——一些、若干、部分与此对应。

454. sop /sɒp/ *vt.* 吸收（水等），用海绵、布等把液体吸起

恩平话的索（sog⁶），除了同普通话一样表达索取、索还、索要的意思之

外，还有如英文解释的吸收、吸起（水等）的意思。

【例】①专家一致评定，这种海绵特别索水。(吸水性特强)

②今天新买了一袋大米，煮饭时发现它比以往的米索水。(指吸水量比通常的大)

③服务员拿来一条干餐巾把洒落餐桌面上的酒水索干净了。(吸干了)

455. so-so /ˈsəʊ-səʊ/ *adj. & adv.* **不好不坏的（地）、一般的（地）、不咋样的**

念作臊臊（$sou^3\ sou^3$），普通话臊念sāo，广州话念sou^1，三者发音都与洋腔近。

恩平话和广州话里有一句朗朗上口的话叫作"臊臊地都系羊肉"。臊本指气味，而羊肉身上有一股膻气（普通话shān qì，恩平话和广州话分别念$san^3\ hi^6$、$san^1\ héi^3$）。客观地说，正宗羊肉都带有膻气味才是（恩平方言习惯讲臊味），堪称无臊不羊肉，那为什么还要用臊臊地几个字来调侃它呢？这说明"臊臊地（英文so-so地）都系羊肉"的这种羊肉还不算是正宗货式，只算不好不坏，只算一般，还不怎么样——这是so-so给出的答案。

456. spanner /ˈspænə(r)/ *n.* **扳手，扳钳、扳子**

译作仕把拿（$su^6\ ba^1\ na^6$），扳手、扳钳的洋称。

例如，邻居敲门叫你借一把仕把拿用用，你得明白他说的是外来语，指你工具箱里的扳手扳钳，估计他是用来修自行车、水龙头什么的，仕把拿可用来松开或拧紧螺丝螺母。

457. spit /spɪt/ *vt. & vi.* **吐痰、吐出、吐口水** *n.* **唾沫、口水、痰**

念作唑泌（$su^6\ pid^1$），文字记作泌（pid^1），指吐、吐出、吐……出来。

【例】①做父母的大概都有过这样的经验，几个月大的婴儿会有泌口水的生理表现，每逢这时，大人还会打趣说这是老天爷下雨的预兆。

②随着社会进步，讲卫生爱清洁的文明风气越来越盛，随便泌痰泌口水溅的现象几乎杜绝了。

唑泌的恩平话解读还可以解作溢出，飞溅之意，例如脸盆盛的水太满，端起来瀇瀇泌（$nong^1\ nong^1\ pid^1$）。

458. sport /spɒt/ *n.* **运动、运动会、游戏**

念作示泼（$si^6\ pod^1$）。

热爱运动、参加运动会、喜欢玩游戏，显示你很有活力、很生动活泼——这就是英文sport——示泼。

459. spread /spred/ *vt. & vi.* 伸展、展开、铺开

念作竖匹冽（si⁶ ped¹ led¹）。

竖乃竖立、直立之意，故恩平话讲直匹冽（zeg⁶ ped¹ led¹），同英文的竖匹冽是同一个意思，即立起来很伸展、很挺直那种。

竖匹冽除了表达伸展、展开的动作，还可以表达向横或者向平面铺开的动作。

【例】五叔公不愧是老农，他插下的秧苗，不管横看直看，行行都直匹冽。

460. stamp /stæmp/ *n.* 邮票、印花、图案、印

译作士胆（su⁶ dɑm¹）。

侨乡人很早就习惯了把邮票称作士胆，特别是在电信还不发达，得靠书信往来沟通联系的年代，投寄信函必须到邮局买邮票，称之为"买士胆"。你的问候和倾诉，全凭这个士胆，跨越大洋把书信送到你亲人手上。

小小士胆，有如此威力，难怪乡间大人细佬仔都对它如此熟悉。人无胆量干不了大事，信无士胆也别想发出去啊！

461. star /stɑː(r)/ *n.* 星、恒星、明星（球星、影星、歌星）

按普通话念似他（sì tā）比较接近洋音。恩平话谐音念是他（si⁶ tā），其中tā用了普通话的他音。

这天上的星星，地上的明星，统称star——似他是他！他（她）似明星，明星是他（她）——star。

462. stick /stɪk/ *n.* 棍、棒、枝条、棒状物

发音近似士啲（su⁶ deg¹），文字记作士啲棍（su⁶ deg¹ gun⁶）。

士啲意指棍、棒、枝条，士啲棍除可类指外，还兼指老人家用的拐杖、拐棍。例如幽默大师卓别林用的道具手杖，它整体算是一根直匹冽的棒，只是顶端抓手部位做成圆弧的钩，这样的士啲棍，挺有型、挺别致。老一代华侨落叶归根回到故乡，被乡人称之为"金山客""金山伯"，他们拿着士啲棍走起路来独具风格，在乡民眼里显得很有绅士风度。而世间最古老最威严的士啲棍当称龙头拐杖（即龙头杖），它是"皇封兵器"之一，寓意"上打昏

君，下打奸佞"。

463. store /stɔː(r)/ *n.* 商店、店铺

念作示哆（si⁶ duɑ³⁻²），广州话士多（xi⁶ do¹），两者发音皆与洋音近，文字上普遍记作士多（普通话念 shì duō）。

士多指贩卖烟酒、汽水、罐头、水果及其他零碎日用品的小店铺，从港澳流行起来，传至广州，改革开放之后，士多小店兴盛于大街小巷、住宅小区、公园及游乐景点，及至内地乡镇、村落，处处开花。

464. suck /sʌk/ *vt. & vi.* 吮吸、吸、舐

记作塞（sɑg¹），音近同。

中文塞的本义指用土为材料去堵塞洞穴或用东西填充有空隙的地方，兼有充满、充实之意，如果把它应用到吮吸、舐食的动作，可以从下面土话的个例评判。

【例】①他太饿了，塞了满嘴馒头。（狼吞虎咽）

②奶妈很有经验，女婴饿了哭闹，就及时给她喂奶，等她塞饱塞够了，就变得安静了。（吮吸至饱）

③有时奶妈也会把人工奶嘴塞在她嘴里让她干吸一会，安静一下。

465. suckle /ˈsʌkl/ *vt.* 给（婴儿或幼小动物）喂奶

音念塞箍（sɑg¹ ku⁶），同上面的 suck 塞（sɑg¹）有相近意思。

英文把塞箍解释为给婴儿或幼小动物喂奶，那么这个箍就有奶头或奶嘴之嫌，把奶头奶嘴塞给婴儿或幼小动物吸吮不明显就是喂奶了吗？

塞箍还同土话塞佢（sɑg¹ kui³）或塞畀佢（sɑg¹ bi¹ kui³）有点音近。把奶头奶嘴塞畀佢（"佢"指婴儿或幼小动物）干什么？还是指喂奶。

466. sumba /sæmbə(r)/ *n.* 源于巴西的一种舞曲、桑巴舞

念沁吧（sem¹ bɑ³），与洋音近。记作桑巴（普通话 sāng bā，广州话 song¹ bɑ²，恩平话 song⁶⁻⁵ bɑ³），巴西民间舞蹈。

467. super /ˈsuːpə(r)/ *adj.* 超级的、极好的

音念首扒（siu¹ pɑ⁴），解作超级的、极好的。

"首"有首领、头领、为首、领先之意，故优秀团队和事物中的领头者被视为极好，被视为超群。英文讲超级的东西，前面也加个首 su/ˈsuː/，词组为

首扒super/'su:pə(r)/，表达的就是超级的、极好的意思。

【例】①超人（superman /'su:pəmæn/）念作首扒万（siu¹ pa⁴ man⁶），头领一出手就赚个一千几百万，超人啰！

②超市supermarket /'su:pəmɑ:kɪt/念作首扒妈揭（siu¹ pa⁴ ma¹ kid⁶）。

③超级大国superpower /'su:pəpaʋə(r)/念作首扒抱柸（siu¹ pa⁴ pou⁶ a⁶）。

T

468. talk /tɔ:k/ *vt. & vi.* 说话、交谈

普通话念作托咔（tuō kǎ），恩平方言记作戳（cog³）。

恩平方言的戳字除了与普通话一样解作刺、穿、戳记、盖戳等等之外，说起来奇妙，它还有一个独特的用法，用来表达说话、交谈的情景，竟与英文talk的词义一致。

【例】①那人讲话含糊不清，总是戳下戳下。（指说话交谈断断续续不流畅）

②开始他怎么也不肯触及被传销集团诈骗的内幕，后来被家里人戳戳下戳戳下才道出底细。（谈话中一点一点诱导）

③事情的经过是他在闲聊过程中无意戳出来的。（交谈中吐露）

上述例子中，戳下戳下、戳戳下、戳出来的戳，都是指在说话或交谈过程中被诱导或暗示下做出的动作。

469. tan /tæn/ *n.* 黄褐色、棕黄色

用广州话译作疸（坦tan²），发音与洋音相近。

医学上有一种黄疸病，对人，是指因胆汁的胆红素大量出现在血液中而引起，表现于病人的皮肤黏膜和眼球的巩膜等都呈黄色症状。这么一来，英文的tan和译为中文的疸都显示了黄色，这是共同点，不同的是，英文的tan在黄色中还带有褐或棕色。

说广州话的疸音与洋音近，是因为普通话的疸念dǎn，恩平话的疸念han¹，后两者的音调都远离了英文。

470. tank /tæŋk/ *n.* 装有火炮、机关枪、旋转炮塔的履带式装甲战车

用普通话近似念作烫咔（tànk kǎ），译为坦克（普通话tǎn kè）。广州话和

恩平话也记作坦克，但发音变成 tan² heg¹ 和 han¹ hag¹，比不上普通话的接近。

471. tap /tæp/ *vt. & vi.* 轻拍、轻敲

发音近似广州话的塌（tab³），记作㧐（deb⁶），恩平话亦用㧐（deb⁶）。
㧐有如英文说的轻拍轻敲之意外，还包括力度重一点的拍打敲击。
【例】①在广东，方言土话习惯把按摩保健称为㧐骨（deb⁶ gud¹）。（㧐骨属轻拍轻按）
②我的肩背好酸（指疲劳），你帮我㧐几下好吗？（轻拍轻敲）
③草丛中那条蛇被他们用石头㧐善咗。（猛砸至死）

472. taxi /ˈtæksɪ/ *n.* 出租汽车、计程车

音念踢匙（teg¹ xi⁴），通译的士（普通话 dí shì，广州话 dig¹ xi⁶⁻²，恩平话 deg¹ su⁶）。
二十世纪七八十年代，的士——即出租汽车、计程车，在广州大街马路上最早施行"扬手即停"服务，冠其名叫"打的"，又或叫"打的士"，随后，打的一词很快流行于全国各大城市。

473. tear /teə(r)/ *vt. & vi.* 撕、扯、拔掉、（使）分离

意译为扯（cia¹），发音的尾声与英文 /teə(r)/ 的尾声相近。
扯的字义与英文单词解释的撕、扯、拔掉等意思一致。
【例】①两个小朋友争抢一幅漫画，毫不相让，扯来扯去，卒之扯烂了。（扯来扯去撕烂了）
②电工师傅用了好大力气才把插头从插座里扯出来。（拔之意）
③清洁工花了一番功夫，终于把粘牢在候车亭的牛皮癣广告扯下来了。（使之分离开）
④广州话、恩平方言讲"叫佢扯人"，意为叫他离开、让他走开。

474. tennis /ˈtenɪs/ *n.* 网球、网球运动

普通话可以把英文的网球、网球运动近似念作坦尼斯（tǎn ní sī），换成恩平方言近似念作诊汝事（cen¹ ni⁶ su⁶），各自有与洋腔相似的地方。

475. that /ðæt/ *pron. & adj.* 那、那个　*conj.* 作导引词引出从句

恩平话的笛音（念 ded¹ 或 diag¹）有点近似，除此没有更合适的字可表达，下面暂且以 ded¹ 或 /ðæt/ 代替文字举例。

【例】①两个石膏像只能摆一个，你看ded¹哪个？

句子里"ded¹哪个"是选择哪个、摆哪个之意，哪个是焦点，故"你看ded¹哪个"这句话扼要讲就是"你看哪个"了。因此"ded¹哪个"的ded¹在此处起的是导引作用而不是解作代名词"那个"，否则"ded¹哪个"成了"那个哪个"就没意义了。

【例】②石膏像ded¹乃？（乃指哪里、哪个地方）

一种情况是正在考虑放置，"ded¹乃好呢？"是问"放在哪里妥当"，ded¹有导引出"哪里"的功能。

另一种情况是石膏像本已被放置好，未明就里问声"ded¹乃啊？""ded¹落乃啊？"，其意便成了"在哪"？"放在哪啊"？

【例】③英文有句 that's that /ðæt's ðæt/（念作 ded¹是ded⁶），意思是：就这样吧，就这么定了。

解释开来，英文的 that 和恩平话的ded¹就有点同音同义的关系了，不是吗？"that是ded⁶"和"that's that"即是"ded¹是ded⁶"，换来一句恩平话便是："ded¹是ded¹"、"ded⁶是ded⁶"、"唔好（不要）ded¹来ded¹去"亦即是"唔好（不要）ded⁶来ded⁶去"！

很明显，"唔好ded¹来ded¹去"和"唔好ded⁶来ded⁶去"同英文的"that's that"有同一个意思，即：算了，就这样吧，就这么定吧。

476. throw /θrəʊ/ *vt. & vi.* 投、掷、扔、抛、扔掉、丢弃

发音近似撕佬（su³ lou¹），拼成一个音为潲（sou⁶），恩平土话的潲音除了作名词解作潲水、猪潲，还可以作为动词解作英文单词所指的投、掷、抛、扔掉、丢弃等动作。

【例】①那些废旧家私冇乜用就潲咗佢啦！（没啥用就扔了它吧，丢弃）

②他把割来的青草潲到池塘里喂鱼。（抛、扔、投）

③讲卫生、讲文明，大家唔好乱潲垃圾。（别乱扔乱丢）

477. tie /taɪ/ *n.* 领带、领结

同广州话一样念袺（tɑi⁴），袺指领结、领带，又写作领袺或领呔（léng⁵ tɑi¹）。

【例】①着西装配上领袺会显得更庄重一些。

②改革开放初期，金利来领袺在市场上是个响当当的牌子。

478. tin /tɪn/ *n.* 锡、罐头盒

发音近似广州话的天（tin¹），文字记作听（ting¹），并以听作为单位表示罐数，一听指一罐，两听指两罐，三听指三罐……

479. tip /tɪp/ *n.* 小费　　*vt.* 给小费

　　　tips /tɪps/ *n.* 小费

同广州话一样，tip 念贴（tib¹）、tips 念贴士（tib¹ xi¹），指小费、给小费。慢慢地又扩展为给个指点、提示或帮助的意思。

【例】①在香港和澳门特别行政区一直流行着派贴士的习惯。（给小费）

②在问答环节，选手碰到困难时可以向主持人申请给一个贴士。（给一点提示、指点或帮助）

在金融市场和商海拼搏的人，近年还听到一个称为贴水的新词。这里的水指水头，亦即金钱财物，贴水是指额外的、更多的、免利息的给予之意，与贴士给小费不同。

480. tire (=tyre) /ˈtaɪə(r)/ *n.* 轮胎

广州话称轮胎为呔（tai¹），与洋音近；恩平话称轮胎为踩——踩单车（骑自行车）的踩（cai¹），虽与洋音不近却意义近。

说踩与轮胎的意义近，是因为人类行、走、跑靠足（脚）踩地进行，而汽车奔驰也靠橡胶轮胎"踩"地进行，故踩与呔同样接地气。

例如，在乡间有不少汽车修理店，门口都挂着"补呔"的牌子以广招来客，但是口语却说补踩（bu¹cai¹，音同补歪）而不说补呔（bu¹tai¹）。

481. tofu /ˈtəʊfuː/ *n.* 豆腐

我们说的豆腐，普通话叫 dòu fu，广州话 dou⁶ fu⁶，恩平话 dei⁶ fu⁶，英文则念作 tou¹ fu⁶，同客家话 téu⁴ fu⁶ 的音近似。

482. toilet /ˈtɔɪlət/ *n.* 厕所、洗手间

发音顺广州话念胎咧（toi¹ lé²），去国外旅游，你要上厕所、找洗手间，记得问一声胎咧啦！

除了胎咧，英文表达厕所、洗手间还常用到下列单词：

一个 W.C. /ˌdʌbljuːˈsiː/，谐音近似搭朏撩屎（dab³ bi³ liu⁴ si¹）。恩平土话称厕所为屎坑、屎缸，无疑是指拉屎的地方，看来洋文也认同了这个屎（si¹

字，兼之撩（liu⁴）是溜的谐音，撩屎即溜屎——仍然是拉屎之意。至于撩屎（溜屎）前面的"搭肶"两字，正好说明拉大便时双腿（即大肶）要蹲下的姿势。

WC是个缩写，它的全称是water-closet /ˈwɔːtə(r)-klɒzɪt/，念窝叉咔啦疾（wuɑ³ cɑ² kɑ⁶ lɑ¹ zed⁶），指冲水式厕所，它念起来比较啰嗦，还不如讲搭肶溜屎直白。

另一个叫Man's、Lady's。广州话把Man's念作炆氏（men¹ si⁶⁻⁵），指男士的、男人的，借意指男士"炆屎"的地方，即男厕所、男洗手间；Lady's念骝啲氏（lei¹ di⁶ si⁶⁻⁵），指女士专用的厕所、洗手间，有的地方称为化妆室、化妆间。

依此看，上厕所解燃眉之急这等大事，人性是共通的，彼此说得通俗点，普通话叫拉屎，广州话叫炆屎，恩平土话叫屙屎，洋人也不例外，叫搭肶溜屎，还把双腿（两个大肶）蹲坑的姿势"搭肶"给摆进去了。

483. ton /tʌn/ n. 吨、大量、许多

发音近似普通话的摊（tān），广州话的摊（tɑn¹），文字记作吨（普通话dūn，恩平话同是dun¹，广州话则是dên¹）。

吨是重量单位，1吨＝1000公斤。

乡间则常用吨和吨位形容个头大、体积大、数量多。

【例】①那个肥仔（胖子）的吨位好犀利。（指体形肥胖过人）

②仓管员说库里的冻肉加起来还有成吨咁多。（储备量足够多）

英文吨的发音虽然记为摊（tān、tɑn¹），但通常习惯都讲dūn。

484. top /tɒp/ n. 顶、顶部、上部、盖

按广州话记作塔（tab¹），发音与洋音相近。

塔本指佛教建筑物，有各种建筑形式，通常有5层至13层不等，塔顶成尖形，如六和塔、大雁塔、雷峰塔、白塔等皆有佛缘。在传统佛塔的启发下，人们又设计出水塔、灯塔、电视塔等叫塔的建筑。

汉文化的塔可以有塔座、塔脚、塔身、塔顶和上、中、下层之分，英文的top只分享了塔的上半身，故它的词义指顶端、顶部、上部和盖。

上述所说的各种塔都是没有盖的，而英文top却有作为盖的解释，或许这是基于盖总是被置于被盖物品的上面，即上部、顶部之故吧。例如，锅盖（镬

盖），甚或屎塔盖（即马桶盖）都是如此置放的。屎塔（马桶）这种塔还真的有盖了。

广州话引出的塔（tɑb¹），普通话念tǎ，同样与洋腔近，唯恩平话念恰hɑb¹，hɑ音是离洋腔远了一点，不过ɑb音仍是近似的。

485. typhoon /taɪˈfuːn/ *n.* 台风

汉语讲的台风（tái fēng），繁体字写作颱风（发音与前同），指一种自然界现象。从发音来看，英文发音 /taɪˈfuːn/ 与普通话拼音 tái fēng 基本是同一版本，但是英文却念成太芬（tài fēn）。

当然，洋腔与土话的这种交织引起读音的细微变化不足为怪，恩平土话称台风为风箍（fung³ ku⁶）、称刮台风为打风箍（dɑ¹ fung³ ku⁶），那个风才叫差别大哩！耐人寻味的是，用风箍代替台风、用打风箍解释刮台风还能让人嚼出恩平方言一点原始生态的味儿来。

还要指出，这"风"字实在古老而弥坚，早于公元前数百年的《左传·隐公三年》和《荀子·乐论》等典籍到后来的《后汉书·华佗传》《三国志·吴书·吴主传》等典籍中已频繁出现，传至今天，从恩平方言的fung³到普通话的fēng再到广州话的fung¹，这"风"音都一成未变，即使越洋过海吹进英文里，typoon（太芬）的音也仍然有fung³、fēng、fung¹吹过而留下的痕迹，台风（tái fēng）稍微减弱成为太芬/taɪˈfuːn/而已。

RST小结

486. RST与不同语言的发音比较

英文	恩平方言	广州话	普通话
Rr/ɑ:(r)	哑（ɑ¹）	吖（ɑ¹）	啊（ɑ¹）
Ss/es/	欸事（e⁶ su⁶）	欸示（é¹ si¹）	欸S（és）
Tt/ti:/	/ti:/	/ti:/	踢、梯（tī）

由表看出，几种话与RST原音对得上号的用词并不多。

不过，本节演绎的99个英文单词还是比较明显地表现出了英语外来词的特点和英文单词受汉语影响的特点，下面为此作一归类。

1. 外来语身影类：英文单词—恩平方言谐音—词义

英文单词	恩平方言谐音	词义
radar	骝吖	雷达
radio	骝地桠	收音机
ramifon	咧美奉	雷米啡（治疗肺痨疾病的西药）
rayon	骝安	人造丝
ready	咧地	预备、准备
reason	李营	理由
report	鲤泼	报告
rpm	阿披摁	每分钟转数
salad	洒律（沙律）	色拉、沙拉、凉拌菜
sales	售氏、销路氏	销售、销路、推销的
sell	赊、赊货、赊款	销售、经售（赊是交易手法之一）
salon	洒廊（沙龙）	文人雅士举办的文学、艺术、音乐、摄影等方面的小型聚会
salute	莎噜	欢迎、致敬（西班牙语祝酒干杯）
sandwich	散域似（三明治）	夹心面包
sap	雺	雺戆、笨蛋、傻瓜
sardine	沙典（沙丁）	沙丁（鱼罐头）
sauna	疏拿（桑拿）	蒸汽浴、芬兰浴
scotland	丝葛邻	苏格兰
sea	鼠（死、屎）	海、海洋
see	鼠（死、屎）	看见、理解、领会
seafood	鼠拂	海鲜、海产食品
shampoo	渗普	洗发剂、洗涤剂
share	泻、卸、舍	共享、分派、分配
shilling	施令	英国旧货币单位，1/20磅
shirt	裇（恤）、裇衫	衬衣、衬衫
short	恤、恤恤地	短路、弱智的（孭线、恤佬）
shopping	削平、雺拼	购物、买东西
shot	摔	投篮

续上表

英文单词	恩平方言谐音	词义
show	骚（搔）	表演、演示、说明
sing	醒	唱、歌唱
song	爽	歌、歌曲
size	洗士、洗市	大小、尺寸、尺码
soda	嫂哒	苏打、苏打水、碳酸钠
sofa	嫂化	沙发
soft	疏乎	软的、温柔的、舒适的
spanner	仕把拿	扳手、扳钳
sport	示泼	运动、运动会
spread	竖匹冽	伸展、铺开、展开
stamp	士胆	邮票、印花
star	（普通话：是他、似他）	星，星星、明星
stick	士唡、士唡棍	棍、棒、杖
store	示哆、士多	商店、店铺
sumba	沁吧	桑巴舞
supper	首扒	超级的
superman	首扒万	超人
superpower	首扒抱桠	超级大国
supermarket	首扒（帕）妈揭	超市、超级市场
tank	烫咔	坦克（坦克战车）
taxi	踢匙（同广州音）	的士、计程车
tennis	诊汝事（普通话念坦尼斯）	网球、网球运动
tie	袄（同广州音）、呔	领带、领结
tin	天、听（同广州音）	锡、罐头盒
tip、tips	贴、贴士（同广州音）	小费、打赏钱
tire（tyre）	呔、肽（同广州音）、踩	轮胎
toilet	胎冽（同广州音）	厕所、洗手间、化妆间
ton	摊（同普通话）	吨、大量

2.明显的或疑似"出口转内销"的单词：恩平方言体现的汉语元素—英文表达—词义

恩平方言（汉语元素）	英文表达	词义
咧（lé⁴），损口咧	rack	使痛苦、使焦虑
乱扔乱扰	random	任意的、随便的、胡乱的
理亏、缩纱	recoil	退缩、后退
理掂、理妥	redeem	补偿、补救、用金钱赎回
理赖、依赖	rely	信任、信赖
猎	rib	排骨、肋骨、痷岩
裂、裂缝、裂开	rip	裂缝、裂口、扯裂
路（广州话露音）	road	路、道路、公路
撷（撷走）	rob	掠夺、盗走
烙、烙牙	rock	摇、摇动
笼（白鸽笼、笼屋）	room	房间、房子、场所、空间
庐（廬）	root	根、根基、原籍、老家、祖先
路	route	路、路线、路途
腊（腊腊靓、镴镴亮）	rub	擦、搓、揉产生的效果
跧（跧来跧去）	run	跑、逃走、（爬来爬去）移动、（迅速）蔓延
搜裤（搜身搜裤）	safe	安全、安全检查手段
搜（搜佢一身）	shake	摇动、摇撼、使发抖
羞、瘦人虫	shame	羞耻、羞辱、羞愧
鲨、鲨	shark	鲨鱼
铄、铄铄声	sharp	锋利的、尖锐的
索、索死佢	shock	震动、打击、使……震惊、恐惧
嘶（驱赶鸡鸭雀鸟声）	shoo	嘘、走开
恘（黐线、短路）	short	短路、弱智的（黐线、恘佬）
刹	shut	关、关上（刹掣、刹闸）
洗、唪	sigh	叹气、叹息（唪气）
鼠路卡（丝来喫）	silk	丝、绸
洗脑（使脑）列治、使脑来治	sinology	汉学

续上表

恩平方言（汉语元素）	英文表达	词义
湿（湿湿个嘴唇）	sip	一小口的量、小口喝
耍赖（死赖）	sly	狡猾的、狡诈的（狡辩不认账）
傃（恫）、傃傃地、恫恫地	sod	愚笨的（男人）、讨厌鬼、（傻傻梗梗）
沁（沁几滴雨、沁几粒盐、沁一点……）	some	一些、若干、部分
索（索水＝吸水）	sop	吸收（水）、用海绵、布等把液体吸起、吸走
膆膆、膆膆地	so-so	不好不坏的（地）、一般的（地）、不咋样的（地）、（膆膆地都系羊肉）
呸泌、泌	spit	吐痰、吐口水（泌口水、泌口水溅、泌一督口水溅）
塞、塞进（置入嘴里让其吸吮）	suck	吸、吸吮、舐（妇人喂奶，给婴儿塞饱塞够）
塞箍（意义同塞），塞畀佢	suckle	给（婴儿或幼小动物）喂奶，塞畀佢即给他喂、让他吸之意
戳	talk	说话、交谈（戳佢把底细讲出来）
疸（同广州话 tan²）	tan	黄褐色、棕黄色（黄疸、黄疸病）
揼（广州音）、揼（恩平音）	tap	轻拍、轻敲（揼背、揼骨）
扯、撕扯、扯烂、扯碎	tear	撕、扯、（使）分离、（让）走开
㧺，㧺咗佢	throw	扔、扔掉、抛、丢弃
豆腐、客家话 téu⁴ fu⁶	tofu	豆腐
塔（广州音），塔顶、屎塔盖	top	顶部、上部、盖
风箍（恩平话）、台风（普通话和广州话）	typhoon	台风

UVWXYZ

U

487. UFO /ˌjuːefˈəʊ/ *abbr.* **不明飞行物**

原音近似医屈嫂（yi³ wed¹ sou¹），念偏一点成了妖欸负拗（yiu¹ e⁶ fu⁶ ou¹）。

不明飞行物俗称飞碟，科幻把它说成是外星人发来的飞行器或战器，真假是谜，称之妖欸负拗带点妖气，有神秘感。恩平话、五邑话还可以用谐音"幽浮"（yiu³ feu⁴）形容它像漂浮在太空中的幽灵，其音其义别样逼真风趣。

488. UK /juːˈkeɪ/ *abbr.* 英国

念要扣（yiu³ kei³），记作英国。

英国的全名为 United Kingdom /juˈnaɪtɪd ˈkɪŋdəm/，念作优乃迪倾扰（yiu³⁻² nɑi⁶ deg⁶ keng¹ dem⁶），意为联合王国。

要扣为优乃迪倾扰之简称。

489. unable 与 able

unable /ʌnˈeɪbl/ 念晏呕暴（an³ ei¹ bou⁶），解作 *adj.* 不能的、不会的、不能胜任的。

able /ˈeɪbl/ 念呕暴（ei¹ bou⁶），解作 *adj.* 能够……的、得以……的、有本事的。

从这两单词看，没有词头 un-（晏）表达正面意思，加了词头 un-（晏）表示了相反意思。

又如 believable /bɪˈliːvəbl/，念卑里伐暴（bi³ li¹ fad⁶ bou⁶）加了词头 un- 成为 unbelievable /ˌʌnbɪˈliːvəbl/，念晏巴里伐暴（an³ ba³ li¹ fad⁶ bou⁶），前者解作可相信的，后者成了不可相信的。

再如 safe /seɪf/ 念搜裤，前面加 un- 成为 unsafe /ʌnˈseɪf/（念晏搜裤），前者解作安全的，后者作不安全解。

490. united /juˈnaɪtɪd/ *adj.* 联合的、团结的、一致的、政体联合的

近似念优呐迪（yiu³⁻² nɑi¹ deg⁶），解作联合的、政体联合的，前面提到的英国——优乃迪倾扰，就是个联合王国。

另一个国家 USA /juːesˈeɪ/ 念优欸搜（yiu⁶ e⁶ sei¹）或妖欸士呕（yiu⁶ es⁶ ei¹）。它的全称为 The United States of America /ðə juˈnaɪtɪd steɪtz əv əˈmerɪkə/，近似念作斗要乃迪示丑阿花咩利咔（dei³ yiu³ nɑi⁶ deg¹ si⁶ cei¹ a³ fɑ³ mia¹ li⁶ ka⁶）。

V

491. vac /væk/（=**vacation**）*n.* 假期、休假

近似念惑（高音 wɑg¹），念偏了成为 wet¹.

英文的 vac（惑 wɑg¹），直解是假期，即是放假或休假的时期。人们利用假期，可以和往日一样干一些日常工作，而更多的是利用假期休息、旅游放松、开心地玩。所以一到假期，会有朋友问你或是你向朋友打听"假期去乃惑？"现实生活中，恩平话和广州话把这个惑（wɑg¹）念成介于惑（wɑg²）与滑（wɑd⁶）之间的 wet /wet/，故此把"假期去乃 wɑg¹"念成了"假期去乃 wet¹"。

归纳起来，惑（wɑg¹）指假期，去乃惑便是去哪里度假之意；wet 指休闲取乐，去乃 wet 即假期里上哪儿玩耍取乐之意。

492. van /væn/ *n.*（有蓬的）货车、有盖货车、大马车

照念 /væn/，无合适的字表达。

最早应该是在香港吧，港人通过拟人化把有蓬、有盖的小货车称为 van 仔（vɑn¹ zei²），把这种运输工具当作人来派工使用。例如，店铺老板叫工仔开部 van 仔去送货，这辆车指的就是带有蓬、盖，可以遮风挡雨防晒的小货车而不是别的什么车。恩平方言顺广州话把 vɑn¹ zei² 叫作弯仔（wɑn³ zɑi¹）

493. vaseline /ˈvæsəliːn/ *n.* 凡士林

近似念 wet 吵练（wet sɑ⁶ lin⁶，wet 音同"去乃 wet"的 wet），按普通话记作凡士林（fán shì lín），恩平话 fɑn⁴ su⁶ lem⁴⁻²，一种半透明、半固态、淡黄或近白色的油脂状石油产品，可作防锈剂和润滑剂用。

494. VCD 与 VCR

VCD /ˌviːsiːˈdiː/（=**video CD**）*abbr.* 影视光碟、视频高密光盘，念作 V 鼠啲（v si¹ di¹）。

VCR /ˌviːsiːˈɑː(r)/（=**video cassette recorder**）*abbr.* 卡式录像机，念作 V 鼠哑（v si¹ ɑ¹）。

495. vice /vaɪs/ *n.* 不道德行为、罪恶、缺点、缺陷、恶习

念歪事（wɑi¹ su⁶），音近，其义则近似坏事（wɑi⁶ su⁶）。

歪是由不与正组合成的会意字，本义是偏斜不正，又可解释为不正当、

不正直、不正派或恶念、歪理等意思，与英文所指的不道德行为、罪恶、恶习、缺点等同义。

恩平话歪事（wai² su⁶）与坏事（wai⁶ su⁶）发音接近，犯罪、恶行、恶习当然是坏事啦。

496. visa /'vɪzə/ *n.* 签证　　*vt.* 签发签证

英式发音近似V吔（v ya⁶），美式发音近似V唦（V sa⁶）。

侨乡人都知道，出国务工、求学、探亲、旅游，首先要办理出国护照，有了护照，还必须办理签证。"签证"是指一国的主管机关（如驻外大使馆、领事馆、出入境办事处或移民办事处）在本国或外国公民所持的护照或其他旅行证件上签注、盖印，表示准其出入本国国境。办完上述手续的护照或证件，就等同于办完了签证，再按照签证的有效期购买机（船）票出国并按期离境即可。

例如，亲戚朋友听闻你出国，问你揬咗V吔（V唦）未，就是问你护照办了签证没有。

497. visitor /'vɪzɪtə(r)/ *n.* 参观者、访问者、游客

英文把来旅游、参观、访问的人称为V亦叉（v yeg⁶ ca⁶），这个叉不同于《水浒传》里的母夜叉（mu⁶⁻³ yia⁶ ca⁴），因为visitor的/tə(r)/音更接近普通话的特尔（tè ěr）而非叉（ca⁶）。

498. vitamin /'vɪtəmɪn/ *n.* 维生素

按普通话译作维他命（wéi tā mìng），音、义近。本来，按英式口音它应念作域叉敏（weg¹ ca⁶ men⁶），或按美式口音念作歪哒敏（wai¹ da⁶ men⁶）。恩平方言的他念ha³⁻²，故维他命（wéi tā mìng）念成了wei⁴ ha³⁻² meng⁶，ha³⁻²与tā音差别较大。而广州话近似普通话，念wei¹ ta⁶ ming⁶。

499. volt /vəʊlt/ *n.* 伏特

普通话记作伏（fú）或伏特（fú tè），是电压的单位，发音近似念呜+噢特（wū+ō tè）。恩平音念伏特（fug⁶ dad⁶）也与洋腔近。

W

500. wafer /ˈweɪfə(r)/ *n.* 薄脆饼、圣饼

念威化（wui³ fa⁶），把薄脆饼、圣饼称作威化饼（wui³ fa⁶ biang¹），使人获得一种"把饼送进嘴里它会自动溶化"的口感，实际品尝起来也的确如此。

501. wag /wæg/ *vt. & vi.* 摇动、摇摆

记作划（念wag⁶或wag³），音近。

恩平方言讲划有指摇动、摇摆的意思，与英文同解。

【例】①北风很猛，把旗杆顶上的旗子吹得划来划去。（飘来飘去，摆动）

②稍微有点风吹过来，煤油灯的火苗便不停地划来划去。（不停地摇摆）

502. wait /weɪt/ *vt. & vi.* 等候、等待、盼望

记作喂（wui³），音近。普通话念wèi和广州话念wei³同样与洋腔近。

喂（wui³）本来用作打招呼，但这个招呼体现了等候、等待、盼望的意思。

【例】①喂！前面的游客请等等。（喂就是提醒前面的人等候一下）

②喂！阿姨，请问附近的超市往哪走？（期盼别人提示、解答）

503. wake /weɪk/ *vt. & vi.* 醒、唤醒

也记作喂（wui³）。

上一个（喂wait）是等候、等待一下，这个喂的场合指喊醒、叫醒、唤醒，兼有提醒、提示之意。

【例】①喂！该起床啦！（唤醒）

②"喂！喂喂！喂喂喂……"，电话那头焦急地喂了许多次。（呼唤对方，等待回答）

504. walkie-talkie /ˈwɔːki ˈtɔːki/ *n.* 对讲机、步话机

恩平方言按英式口音把英文的对讲机念为乌企促奇（wu³ ki³ cug¹ ki⁴），用美式口音念为窝企拖奇（wuɑ³ ki³ to¹ ki⁴，拖字随广州话念to¹而不念huɑ³）。乌企、窝企源自英文walk/wɔːk/，步行之意；促奇、拖奇源自英文talk/tɔːk/，说

话、交谈之意；加上词尾的 /ki/ 音近似机（gi³），整句就成了"一边步行一边交谈的机器"，即步话机，亦即对讲机。

505. war /wɔː(r)/ *n.* 战争、斗争、战争期间

念作窝（wuɑ³），按词义演绎为祸（wuɑ⁶⁻⁵）。

战争、战乱给人类、给世界带来了灾难，战争是祸不是福，译为英文就成了 The war is worse, not happiness。

广州话祸字念 wo⁶，也近似洋音，普通话念 huò 就离得远点。

506. watt /wɒt/ *n.* 瓦特、瓦

照念 watt，近似挖（wɑd³），按普通话记为瓦特（wǎ tè），简称瓦（wǎ），电力计算单位，1 瓦（瓦特）= 1 秒钟做 1 焦耳的功。瓦特这个单位名称是纪念英国发明家詹姆斯·瓦特（James Watt）而定的。

507. welcome /'welkəm/ *n.* 欢迎　　*vt.* 迎接

近似念窝噜禽（wuɑ¹ lu¹ kem⁴），你对来宾、访客说一句窝噜禽或对方对你的光临说一声窝噜禽表示欢迎，这是一种最常见的外交手段、交际礼貌，一见如故，亲切、暖心。

相应于恩平方言的窝噜禽，普通话表达为韦奥咔姆（wéi ō kǎ mǔ）或外奥克姆（wài ō kè mǔ），说起来有点咬舌，洋味也欠缺了点。

508. wet /wet/ *adj.* 湿的、湿湿的

音、义近似恩平话的滑（wɑd⁶），湿滑湿滑，湿容易引起滑，湿滑的地方肯定是湿湿的。

509. wick /wɪk/ *n.* 蜡烛芯、（油灯的）灯芯

照念 /wɪk/，无合适的字表达，故用 wick 代字。

恩平方言讲 wick 不是指蜡烛芯，也不指煤油灯芯，而是指蜡烛和煤油灯点燃后灯芯火苗的状态。在微风的吹动下，火苗窜上窜下或飘拂闪动的状态叫 wick，叫 wick 下 wick 下，或叫作 wick 来 wick 去。换言之，是蜡烛芯和油灯灯芯成就了 wick。

510. winner /'wɪnə(r)/ *n.* 获胜者、胜券在握

其音、义接近恩平话稳拿（wun¹ nɑ⁴）。

稳拿者,胜券在握者也,亦即最终获胜者也。

【例】①四强争冠,明星队实力超强,奖杯稳拿啦!(胜券在握)

②连续三届,明星队稳拿头名。(获胜者)

511. wire /ˈwaɪə(r)/ *n.* 金属丝(线)、钢丝、电线

美式发音念歪丫(wɑi¹ ɑ⁶)音近,字面用广州话按英式发音记作威吔(wei¹ yɑ²)。

【例】①那条威吔手指公咁粗,当然够力啦。(像拇指那般粗而强度大的钢丝绳)

②用细丝歪丫做成的钢丝球可擦锅、洗镬、搞清洁卫生,挺好用的。(指细线钢丝)

512. wok /wɒk/ *n.* 锅(尤指中国式的)

记作镬(wog⁶),音、义同。

镬指古代的大锅,无足的鼎。镬的古老发音一直在乡间流传,广州话也保留着。但是普通话是以锅(guō)代镬,而且镬的发音念huò而不是wog⁶。

很明显英文把锅念为wog⁶,是用了古汉语的镬(wog⁶)音。恩平话把一锅饭说成一镬饭,一锅粥说成一镬粥,把用锅炒菜炒肉的火候说成镬气,把众人围着一口大锅吃公家饭叫作吃大镬饭,还有伴镬而起的各种名称如镬耳、镬盖、镬铲等等,都表明恩平方言还会把古老的镬(wog¹)字传说下去。

英文把镬说成锅,可谓"中西合璧一镬熟"——通过这个wok(镬)字让彼此交汇熟悉了。

513. woman /ˈwʊmən/ *n.* 女人、妇女、成年女子

英式口音近似乌敏(wu¹ men⁶),美式口音近似窝敏(wuɑ¹ men⁶)。

敏字是个象形字,好像用手整理女子的头发。字的结构从每从文,会意兼形声,宣示才思敏捷、灵敏聪慧、敏智、敏悟、敏识,故国人有喜用敏字为女孩起名的习惯,难怪英美国家说到女人、妇人也离不开敏音。

又,敏字同问字同音,故乌敏、窝敏又可记作乌问、窝问。问在口旁,表明要张口说话。乡里人喜说笑,男士说"三个女人一个墟"(意为只要有三个女的在一块就会显得像赶集一样热闹),这从另一个角度表明女同胞敏而好学、不耻下问,体现了一种可贵的敏行敏学的精神。

相对于洋文把男子、男人称为 man /mæn/ ——英式口音念蛮（man¹），美式口音念炆（men¹），是否会觉得大男人多了点蛮（man⁴）和多了点炆（火爆）的牛脾气呢？估计英、美的语言学家还不曾预料到有这么个棘手的问题吧！

514. wonderful /'wʌndəfl/ *adj.* 奇妙的、精彩的、绝好的、真棒

近似念碗哒符（wan¹ da¹ fu⁴），相当于普通话谐音万德佛（wàn dé fó），看来这符也好、这佛也好，都给我们带来了奇特的感觉，难怪把它解释为奇妙的、精彩的、棒棒的、绝好的。

515. wonderland /'wʌndəlænd/ *n.* 仙境、奇境、美丽富饶而奇特的地方

谐音念碗哒烂（wan¹ da⁶ lan⁶⁻⁵）。

碗哒烂，近似碗打烂（wan¹ da¹ lan⁶⁻⁵）或碗笪烂（wan¹ dad⁶⁻⁵ lan⁶⁻⁵），意为碗被摔破。这个词就像变魔法似的，把碗打烂变出一块奇特的地方，成了仙境，成了奇境，太奇妙了。

516. worse /wɜːs/ *n.* 更坏的事物　　*adj.* 更坏的、更糟的　　*adv.* 更坏地、更糟地

近似念广州话祸事（wo⁴⁻² xi⁶）。

说起坏的、不好的、低劣的事，英文里有个单词 bad /bæd/（恩平话念不 bed¹），当名词可解作坏人、坏事，当形容词可解作坏的、不好的、有害的、低劣的，当副词可解作更坏地、非常地。

worse（祸事）与 bad（不）比较，不（bed¹）指一般程度的坏，而祸（wo⁴⁻²）则升级成为灾祸、灾难，因此祸事是更坏、更糟、更严重的事。

恩平话、广州话评价某人某事的失败，如果说"衰咗"，一般就属于 bad（不 bed¹）的程度，如果说是"祸咗"，则指损失严重，亏得厉害，属于 worse（祸事）。

词条505引出那句英文——The war is worse, not happiness，说的就是"战争是祸不是福"。

517. wrap /ræp/ *vt.* 包、裹、卷、包扎　　*vi.* 缠绕、盘绕、包上、裹上

文字记作笠——发音近似广州话立 leb¹ 或恩平音粒 leb¹，其音其义与英文接近。

【例】①因风沙大，街上笠住头巾走路的人多了起来。（包着）

②他觉得绷带笠得太紧。（包扎、缠绕太紧）

③脑部手术后，病人的头部被纱布一层一层笠起来送出手术室。（裹着、盘绕着）

④搬宿舍，他把所有行李笠走了。（打包打卷全部带走）

518. wreck /rek/ *vt.* 破坏、毁坏　*n.* 毁灭、失事、（身体或精神上）受到严重损伤的人

恩平话口语常用到这个/rek/音，近似念作普通话的冽（liè）。

【例】①他不小心被刀子冽了一刀。（被小刀割破受伤）

②虽然伤口敷了药又笠咗绷带，他仍然觉得伤口好冽。（肉体疼痛）

③因为眼白白被马路骗子骗了成万银（上万元），他心口冽咗成个礼拜。（精神上受严重打击）

519. wring /rɪŋ/ *vt.* 拧、绞、扭干、拧干　*vt.* 扭动

念拎（leng¹），作动词解作拧、扭，如念铃（leng⁴⁻²）则成了名词。

【例】①他换上了新车铃（ciɑ³⁻² leng⁴⁻²，名词），拎起来（leng¹ hi¹ loi⁶）很响。（拧、扭单车铃，动词）

②毛巾湿漉漉，拎（leng¹）干再挂起来吧！（拧干、扭干）

③他拎（leng¹）惯了单车铃（leng⁴⁻²），唔拎（leng¹）觉得手痒。（扭成习惯了）

拎（leng¹）还同拧（neng¹）音接近，拧（neng¹）螺丝钉、拧（neng¹）墨水瓶盖就有扭动、扭紧或拧开的意思。

520. wrong /rɒŋ/ *adj.* 不正确的、错误的、不文明的、不适合的　*n.* 过失、错误，不义行为

无合适的字表达，照念/rɒŋ/音，近似恩平音long¹（狼），普通话如昂（rú áng）。

虽说无合适的字，但另一方面，恩平方言和广州话又把wrong分解成w+rong，把w念作乌（wu³），把rong念作龙（lung³⁻²），由此造出乌龙两字（普通话念wū lóng，广州话wu¹ lung⁴，恩平话wu³ lung³⁻²）。

乌龙的意思是指糊涂、糊糊涂涂；乌龙王、乌龙大王指一塌糊涂的糊涂虫、错误大王。回复到英文的本意，从/rɒŋ/到龙（lung³⁻²）到乌龙（wu³ lung³⁻²），既然变得糊里糊涂，就难免会有过错，会不正确，会失文明。最后，

把过失、错误称作乌龙，把犯过失、犯错误的行为和过程叫作摆乌龙（普通话 bǎi wū lóng，广州话 bai¹ wu¹ lung⁴，恩平话 bai¹ wu³ lung³⁻²）。

至于 wrong 与乌龙，是先有乌龙才有 wrong，还是先有 wrong 才有乌龙？一时还真的说不清呢。

X

521. X-ray /ˈeks reɪ/ *n.* **X射线**、**X光**、**X光片**、**X光检查**　*vt.* **照X光**

近似哎卡思漏（ai¹ ka⁶ su⁶ lei⁶），指X光、X射线，又简念哎丝线（ai¹ su⁶ sin³⁻²）。肺部检查、胸透、骨透，医学上常用到X光检查，借助的便是哎丝线造影。

Y

522. yahoo /ˈjaːhuː/ *n.* **一指英国作家Swift的小说《格列佛游记》中的人行兽，二指英国作家格利佛的小说《小人国游记》中的各种野蛮、粗鲁的人**

念作吔图（ya¹ hu⁴），与洋音近。

恩平方言有句吔吔呜（ya¹ ya¹ wu¹）、吔吔土（ya¹ ya¹ hu¹），它的反义词叫作顶呱呱（deng¹ gua¹ gua¹）。

当有人竖起大姆指对你说顶呱呱，那是赞你聪明、有本事、排第一、了不起；相反，若竖起手指尾（尾指）对你说吔吔呜，那是指你蠢笨、没水平、没能耐，不咋的。野蛮、粗鲁的人不一定都蠢，但总体的德行当属不咋的，可视为吔吔呜——吔图。

523. yang 与 yin

yang /jæŋ/ *n.* **同普通话阳（yáng）的音、义一致**；**yin** /jɪn/ *n.* **同普通话阴（yīn）的音、义一致**。阴、阳是我国的古字，在易经、哲学、中医学辨证等方面被频繁使用，是中为洋用的例子之一。恩平方言把阴阳念作 yim³ yong⁴，广州话念作 yem¹ yêng⁴，洋腔与之相近。

524. yard /jɑ:d/ *n.* 码

近似念曰（yɑd³），译作码（普通话mǎ，广州话mɑ⁵，恩平话mɑ⁶⁻⁵）。

一曰＝1码＝3英尺＝36英寸＝0.9144公尺，是英美制长度单位。

525. yoga /ˈjəʊgə/ *n.* 瑜珈、瑜珈术、瑜珈修行法

音念妖㗎（yiu¹ gɑ⁶⁻⁵），记作瑜伽或瑜珈（普通话yú jiā，广州话yu³ gɑ¹，恩平话yi³ gɑ³）。

瑜伽是印度的一种传统健身术，是强调呼吸规则和静坐的一种修行法，俗称瑜伽术。

恩平话妖㗎两字保留了yoga的原音，字面意义可以把瑜伽练功时各种各样轻舒缓展、屈伸自如、慢呼慢吸的神态归纳为妖娆的架势——yoga不期然成了妖㗎、妖架。

526. yonder /ˈjɒndə(r)/ *adv.* 在远处、在那边

这个词的词义指在那边，在远处，突出了一个远字——普通话yuǎn、广州话yun³、五邑恩平话yin¹，开平、台山话yuɑn¹。其中yuɑn¹的发音与英文的首音节/jɒn/相近，因此英文yonder的谐音可念作远哒（yuɑn¹ dɑd⁶），文字按普通话记作远的（yuǎn de），意指在远处。

527. you /ju:/ *pron.* 您、你、你们

念妖（yiu¹），音近。

英文的你、我、他（她），用恩平方言表达蛮有意思的，一是读音近似，二是文字也有趣，下面说来轻松一下。

先说你——you，发音就是妖。妖就是你，你就是妖。"买葛"（my god）！（我的天！）你怎么成了妖呢？

再说我——I /ɑɪ/，念矮（哎ɑi¹）、挨（ɑi⁶）或客家话捱（捱ngɑi⁶），叹一声哎，我竟变成了矮、挨、捱。

然后说他与她：

他——he /hi, hi:/ 念喜（hi¹），他叫喜，你和我加上喜就集齐你我他了。

她——she /ʃɪ/，念si¹。本来他是he，前面加了个s变成she——谐音字便有鼠、暑、死、屎等多个，用来代表她太不雅，普通话用施（shī）把她当施姨（shī yī）、广州话用施（xi¹）把她当西施（sei¹ xi¹），这么一来，她就是施姨、她

就是西施，她成大美人了。

528. yuan 与 yen

yuan /juˈɑːn/ *n.* 元（中国货币单位），源于普通话元（yuán）

yen /jen/ *n.* 日元（日本货币单位），日文称円（えん）

日文的円（yen）明显有汉语元（yuán）字的演变痕迹。

529. yummy /ˈjʌmɪ/ *adj.* **美味的、可口的** *n.* **美味可口的东西**

音念邑美、邑味（yeb¹ mi⁶），记作入味（yeb⁶ mi⁶）。

往日乡里人自醃鱼肉果蔬，醃的水平高不高，是否入味便是判断依据之一。乡间过节令或遇喜庆，最中意炆鸭炆鹅炆猪脚，只有那些会严格选择主材和配料、熟练掌握火候和时间的巧妇、大厨，才能烹调出一锅浓香的佳肴。如果食客品尝后觉得入味，即表明符合英文yummy所指的美味可口。

英文把yummy解释为美味的、可口的东西，看来我们说的入味还真的把五邑美食（邑味）与英文扯上关系了。

Z

530. zed /zed/ *n.* **字母z**

字母z是26个英文字母的最后一个，发音近似依舍（普通话yī shè，恩平话yi³ siɑ¹），有念到最后依依不舍的感觉。

531. zit /zɪt/ *n.* **小脓疱、丘疹（美式说法）**

译作疖（zid¹），音、义与洋文一致。

疖（或疖子），是一种皮肤病，由葡萄球菌或链状菌侵入毛囊内引起，发病的症状是局部出现充血硬块、红肿、化脓。

【例】①孩子脸上长了个疖，谁都不让碰，只好去看医生。

②他因屁股长疖疮，连续几天坐卧起立都觉得不舒服。

UVWXYZ小结

532. 不同语言发音比较

英文	恩平方言	广州话	普通话
U /juː/	妖、舀（yiu¹）	腰、邀（yiu¹）	优（yōu）
V /viː/	拟声VV响	V	V
W /ˈdʌblju:/	嗒步廖、答捕料（dab¹ bu⁶ liu⁶）	W	W
X /eks/	e咔士（e ka⁶ su⁶）	X	爱可史（āi kě shǐ）
Y /waɪ/	歪（wai¹）	歪（wai¹）	歪（wāi）
Z /ziː/	煮、主、纸、姊（zi¹）	仔、挤（zei¹）	仔、资、姿、兹（zī）

通过比较看出，恩平方言模拟UVWXYZ这六个英文字母原声的相似度与广州话和普通话的差别不大。

在英语词典里，UVW尤其是XYZ带出的词汇量相对较少，这一节选用的单词也只有45个，数量虽然不多，但是却突出体现了恩平方言表达的不同特色。

例如：UFO可念作妖欤负拗、幽浮或衣屈嫂；英国简写UK可念为要扣；美国简写USA可念为妖欤士呕或优欤搜；凡士林vaseline念wet莎练；VCD成了V鼠啲；VCR成了V鼠哑；visa可念为V唦或V咃；维他命vitamin的原声应是域叉敏；伏特volt则近似呜噢特；薄脆饼wafer就是威化饼；"碗叮符"wonderful因为有符（符咒）变得奇妙、精彩；而魔术"碗打烂"wonderland却变出梦幻仙境、魔幻奇境；皮肉受损，肉体觉得"冽"和精神受创，或心理觉得"冽"，就是英文的wreck；英文把wring（念铃leng¹）解作拧、绞、扭，土话说作拧（念leng¹）；英文的wrong（念狼long¹）指错误的、不正确的，土话说的乌龙、乌龙王指的也是这个意思；英文把野蛮、粗鲁的人称吔图yahoo，土话称为吔吔呜；瑜伽yoga的动作、姿势优美，故其名曰妖㗎……

以上词语，要是换成广州话或普通话表达，其音其义就未必能像恩平方言那样贴切、生动有趣。

恩平方言里常见到有些"话说得出"却"写不出"的情况，即口头可以讲，却无合适的文字表达。奇怪的是，在英文单词里发现有不少近似甚至相同的声音，用它当成文字套到恩平话里，竟能构成一个完整的意思，为此不妨再回顾一下前面说过的一些例子。

vac，解作假期、休假。读音近似恩平话、广州话的wet¹，无合适的字表达。wet¹的意思是玩、耍、娱乐，例如五一节、国庆节、元旦放假，朋友打趣问你去乃wet？就是问你假期去哪里休假娱乐。也就是说，vac是假期，假期是wet，vac＝wet。

van，指有蓬的、有盖的货车。恩平方言有vɑn音，意为扔掉、抛弃，例如vɑn佢落大海（意为把它扔进大海）、vɑn咗一袋西瓜皮入垃圾箱（抛入垃圾箱）。是故可借用vɑn音（而非其义）把这有蓬（盖）的货车叫作vɑn仔。

vice，指不道德行为。读音近似歪事，亦即坏事，不道德行为当然不是好事啊。

wag，指摇动、摇摆。近似念划，例如旗子被大风吹得wag来wag去，就是摇摆不定，飘来飘去之意。

wait，指等待、等候。念喂。你叫人等一会，得先打声招呼"喂"！喂＝wait＝等待、等候。

war，指战争。近似念祸，战争带来灾难，故战争＝war＝祸＝worse。

wet，湿的，湿湿的。发音近似滑。恩平话讲湿滑，湿同滑（亦即湿同wet）是密不可分的。

wick，指蜡烛芯、灯芯。恩平话有此音无此同音字，说蜡烛或煤油灯的火苗晃来晃去叫作wick来wick去，英文追寻引起火苗的根源——即wick的源头就是烛芯、灯芯。

winner，指获胜者。发音近似稳拿，胜券在握。

wire，指钢丝、电线。念作歪吔、威吔。

wok，锅，乡下煮饭用的铁锅叫铁镬，wok即是镬，英文解作锅。

worse，相比一般的坏，它解作更糟更坏。发音近似祸事。闯祸，肯定是坏事啦。

wrap，指包、裹、卷。发音近似笠，笠住个头＝wrap住脑袋＝用头巾、丝巾把头包起来＝（或相当于）戴上一顶帽子……

wreck，指皮肉破损或身心受到打击、受到伤害，近似念冽。例如手术后觉得伤口wreck，做生意亏了老本，觉得心口wreck。总之系冽。

yin 与 yang，是源自汉语的阴与阳。

yonder，指在远处、在那边。其音近似远哒，也就是远的、在远处的意思。

zit，指小脓疱，念"节"音，有疖字，通常讲脸上身上生疖、屁股生疖疮，指的就是英文的 zit。

上述一些例子说明恩平方言中有声无字的表达方式的确是很独特的，换作广州话和普通话，即使你想啰嗦也未必啰嗦得出来。

三、广州话里常见的英文外来词补充

据《广州话词典》和《广州音字典》（修订版）介绍，广州话中较常用的英语借语有两百多个，包括直接音译、音译加说明词、音意兼译和完全意译几种，但是却未曾见到有如本书这样提及有些所谓"外来语"其本源出自汉语，是"出口转内销"的产物这回事。

本文至此一共列举了五百三十多个单词，包括了直接音译、音译加说明词、音意兼译和完全意译在内。其中，作者觉得，音、意兼译最有代表性，它能反映出土话与洋腔交织融汇的特点，借此可以判断是否出口转内销，找到源头所在，可以为论证汉语言对英语的渗透影响提供最原始资料。

五百三十多个单词，是以恩平方言为主作解说，其中也包含了广州话、普通话和其他话。广州话解说占的比例比普通话高、比恩平方言少。这表明，在历史长河中，古老、原生态的方言土话（恩平方言和广州话体现了汉语言的这一特点）在对外文化交流中所产生的影响是不容忽视的。

为此，下面再立足于方言土话的角度，对广州话里一些常见的英文借词（指前面未曾收录）进行补漏、解读，进一步比较用广州话和恩平方言解说的异同。

533. ball boot /bɔːl buːt/ *n.* 球鞋

球鞋，广州话念波钵（bo¹ bud¹），恩平话波卟（bua³⁻² bu¹），与洋音近。

534. ball shirt /bɔːl ʃɜːt/ *n.* 绒衣（俗称卫生衣）

卫生衣，广州话称波裇（bo¹ sêd¹），恩平话波裇（bua³⁻² sud¹），绒衣裤、卫生裤称为波裇裤（bo¹ sêd¹ fu³，bua² sud¹ fu⁶）。

535. barret /ˈbɑːret/ *n.* 一种扁平便帽、无边帽

扁平便帽，广州话叫巴黎帽（ba¹ lei⁴ mou⁶⁻²），恩平话念把烈（ba¹ lid⁶），与洋音近。

536. Beatles /ˈbiːtlz/ *n.* 披头士乐队（硬壳虫乐队）

硬壳虫乐队，广州话叫披头士（pei¹ teo⁴ xi⁶），其音与洋腔略近。若用恩平音的比（bi¹）+广州音的桃（tou⁴）+恩平音氏（si⁶⁻⁵）合起来念比桃氏（bi¹ tou⁴ si⁶⁻⁵），则与洋音更接近。

537. brakes /breɪkz/ *n.* 制动器、刹车闸

广州话把制动器、刹车闸叫作迫力子（big¹ lik¹ ji²），恩平音念卟骊卡（bu¹ lei¹ kɑ⁶）。

538. cake /keɪk/ *n.* 蛋糕、糕饼

广州话记作嘅（kig¹），恩平音扣咔（kei³ kɑ⁶），指蛋糕、蛋嘅。

539. carat /ˈkærət/ *n.* 克拉（钻石重量单位）

广州音茄（ké¹），恩平音卡律（kɑ¹ lud⁶）。

540. carefree /ˈkeəfriː/ *adj.* 无忧无虑的、逍遥自在的

广州话念茄哩啡（ké¹ lé¹ fé¹），意指演艺圈里无关重要的角色、临时人员。恩平音瘸附理（kiɑ¹ fu⁶ li⁶）。

541. carnival /ˈkɑːnɪvl/ *n.* 狂欢节、嘉年华会、节日、联欢

广州话译作嘉年华会（gɑ¹ nin⁴ wɑ⁴ wui⁶），恩平音念卡汝浮（kɑ¹ ni⁶ feu⁴），与洋腔近。

542. cashmere /ˈkæʃmɪə/ *n.* 山羊绒

广州话茄士咩（ké¹ xi⁶ mé¹），普通话开司米（kāi sī mǐ），恩平音念茄士尾吖（kiɑ¹ su⁶ mi¹ ɑ⁶）。

543. cast /kɑːst/ *n.* 演员表、阵容

广州音卡士（kɑ¹ xi⁶），恩平音卡氏（kɑ¹ si⁶），还可作阵势、来头解，例：见到他来势汹汹，咩卡士咁把拜啊？（咩卡士指啥来头）

544. cent /sent/ *n.* 分、一分钱的硬币

广州话仙（xin¹），恩平话仙（sin³⁻²），除指一分钱，还作铜圆、铜子儿解。

545. cents /sentz/ *n.* 铜圆、铜子儿

广州话仙屎（xin¹ xi²），恩平话仙氏（sin³⁻² xi⁶），同仙解。

546. Chinese /ˌtʃaɪˈniːz/ *n.* 中国人、华人、中文、汉语

如果把这个单词的尾音 z 省掉，广州话谐音便念成搓呢（cai¹ ni¹），恩平音念作踩呢（cai¹ ni¹）。而搓呢、踩呢的本意似乎源于广州话搓泥（cai¹ nei⁴）和恩平话踩泥（cai¹ nai⁶）。如果把尾音 z 添上，等于词尾多了个士（xi⁶）音和氏（si⁶）音，这一来，搓呢成了广州话搓泥士（cai¹ nei⁴ xi⁶），踩呢成了恩平话踩泥氏（cai¹ nai⁶ si⁶），士和氏所指乃人，师出同门，皆为大师，这不就是搓（踩）泥师（广州话 cai¹ nei⁴ xi¹、恩平话 cai¹ nai⁶ su⁶）的称谓了吗？

说到这里，读者大概会意识到，英文把中国人、华人、中文、汉语称之为 Chinese，其谐音不就是搓（踩）泥师吗？陶瓷便是由搓（踩）泥师制造出来的。中国自古以来就是陶瓷大国，历史悠久，享誉全球。

陶瓷是怎样做出来的呢？简单来说，是用瓷泥作主材（主要为高岭粘土、石英、长石三大类），经过专业大师精心配方设计和捏制加工（原始的加工少不了要用手搓、用脚踩），做成一定坯状后再经烧制而成。这些工艺大师被英文用人士的士音或无名氏的氏音体现出来。一句话，陶瓷器具和工艺品是搓（踩）泥师制作出来的，他们代表了中国人，广而推之还代表了中文、汉语、华人群体。

Chinese，中国人、华人，他们是陶瓷、陶艺大师，他们出身于搓泥师、踩泥师、彩泥师！他们成就了英文 Chinese。

547. China /ˈtʃaɪnə/ *n.* 中国、瓷器

在英文拼写、读音和词义上，英文把中国和瓷器划了等号，叫 **China**。原音近似广州话搓那（cai¹ na⁵）或恩平话踩那（cai¹ na⁵），它与搓（踩）泥师（Chinese）不同，搓（踩）泥师指人，而瓷器指产品，它的出产地代表中国版图。

瓷器的特色是历史悠久、品种繁多，不同年代制作的产品各具特色，从千百年前制成的老古董到近代制作的新品，其款式、造型、纹饰以至彩釉等方面各有千秋，可鉴赏、可作历史研究、可摆设装饰、可实用。因此，这瓷器产品、这中国版图不能只停留在搓泥、踩泥的层面，她要华丽转身，把她备受称赞、备受夸奖、备受喝彩的一面，把她高雅、美丽、袅袅娜娜的一面展现给世界，意译为彩娜（广州话和恩平话 coi¹⁻² na⁴，普通话 cǎi nà），彰显亲切、庄重、得体。

China，彩娜——代表辽阔、美丽、强大的中国！彩娜——代表高雅、多姿多彩、贯穿历史文明的陶瓷之邦！

西方人从瓷器（**china**——彩娜）认识我们、认知我们！中国瓷器（陶瓷）的历史可追溯到商代，河南郑州商代遗址出土的原始青瓷，距今3500年，而真正严格意义上的汉唐瓷器，距今也有2000年历史，比英语1500年历史久远得多！

还有就是古时称中国为China有多种不同洋音，如缅文古称它为Cin'或Cina，梵文称Cina，希腊语称Thinae，欧洲语称Sin，古印度文献称Cina等，均被认为是对秦代"秦"的专称。普通话秦念qín，广州话念cên⁴，恩平方言念cun⁴，三者的发音都与古称的洋腔相近。

548. chocolate /ˈtʃɒklət/ *n.* 巧克力（糖）

英式发音近似广州话䁖跖（cog³ ged⁶），文字记作朱古力（ju¹ gu¹ lig¹）。普通话记作巧克力（qiǎo kè lì）。恩平音记作猪咕叻（zi³⁻² gu¹ leg¹），成为与英文热狗（hot dog）、与天津的狗不理包子一样以猪以狗命名的食品。

549. cigar /siˈgɑː(r)/ *n.* 雪茄烟

用广州话记作雪咖（xud³ ga³），恩平音念雪咖（sid¹ ga¹）与它近似，普通话将其记为雪茄——因茄字发音可念qié和jiā，故雪茄又念成xuě qié或xuě jiā，比起广州话和恩平话，少了点英文咖（gar）的原汁原味，故广东人虽然文字上亦用雪茄表达，但发音仍旧念xud³ ga³或sid¹ ga¹。

550. cigaret (te) /ˌsɪgəˈret/ *n.* 纸烟、香烟

用广州话记作雪咖唎（xud³ ga³ lé²）与英文原音接近。在广东，人们又习惯把香烟叫作烟仔（yin¹ zei²），纸烟叫熟烟（sug⁶ yin¹）。

551. coca cola /ˈkəʊkə ˈkəʊlə/ *n.* 可口可乐

按普通话译为可口可乐（kě kǒu kě lè）与洋音最为一致，人们习惯以可乐（kě lè）称之。可乐乃美国生产的一种饮料，广州话念ho² log⁶，恩平话念huɑ² log⁶⁻⁵。

552. cushion /ˈkʊʃn/ *n.* 垫子、坐垫

广州话念作箍臣（ku¹ sen²），音近似，恩平音念ku³ sen⁴也相近。

553. deuce /djuːs/ *n.* （网球比赛）平分、平手

广州话念作刁时（diu¹ xi⁴），恩平音念吊市（diu³ si⁶），两者与洋腔近。

554. fault /fɔːlt/ *n.* 缺点、缺陷、过失、过错、（网球等）发球失误、（球赛）淘汰

广州话念作否（feo²），比赛被淘汰出局叫作否咗（feo² zo²）。恩平话与此近似，否可念 feu¹ 或念成 fei¹，否咗可念 feu¹ zuɑ¹ 或 fei¹ zuɑ¹。

555. fuse /fjuːz/ *n.* （电路）保险丝、熔丝

广州话念 fiu¹ 士（fiu¹ xi²），恩平音 fiu¹ 丝（fiu¹ su⁶⁻⁵），指保险丝。

556. gin /dʒɪn/ *n.* 杜松子酒、荷兰酒

广州话发音近似毡（jin¹），故荷兰的杜松子酒叫作毡酒（jin¹ zeo²）。恩平话与此近似，叫 zin³⁻² zei¹。

557. guard /gɑːd/ *n.* 警卫、看守；球队的后卫　*vt. & vi.* 保护、控制

广州话念咭（ged¹），恩平音念括（gɑd¹）。"括"形如括号（），意为把人或物包围起来。打篮球时要防住对方上篮得分，就必须盯住对方，普通话称之为盯人，恩平话习惯称为唛人、括人。盯紧他、盯死他叫唛死佢、括死佢。

558. hot cake /hɒt keɪk/ *n.* 烤饼、薄煎饼

烤饼，发音近似广州话克戟（hɑg¹ gig¹ 或 hɑg¹ kig¹），恩平音念脱叩（hod³ kei³）与洋腔更接近。

559. insure /ɪnˈʃʊə(r)/ *vt.* 保证、为……保险　*vi.* 买或卖保险

广州话把买保险叫作买"燕梳"（yin³ so⁴），恩平音念 yin¹ suɑ¹ 与之近似。

560. jumbo /ˈdʒʌmbəʊ/ *adj.* 庞大的、巨大的　*n.* 大型喷气客气

广州话把庞然大物——大型喷气客机称为"珍宝"机（zen¹ bou² géi¹），发音与英文近似。恩平话谐音念鸩暴（zim¹ bou⁶）。

561. ketchup /ˈketʃəp/ *n.* 番茄酱

英文原音近似恩平音茄汁（kiɑ⁶⁻⁵ zib¹），广州话译为唥汁（gib¹ zeb¹），指一种用番茄、酱油等配制成的调味酱液。茄汁的音和义比唥汁更接近英文。

562. Kung Fu /kʌŋˈfuː/ *n.* 功夫

其发音按恩平音念抗虎（kong³ fu¹）或港负（kong¹ fu⁶）。

功夫（普通话 gōng fū，广州话 gung¹ fu¹，恩平话 gung³ fu³）乃中国拳术、武术之称谓。

563. lace /leɪs/ *n.* 网眼花边、透孔织品、通花布

广州话称通花布为篱士（léi¹ xi¹），若用蕾丝（lêu⁴ xi¹）似更切合。

564. lacquer /ˈlækə(r)/ *n.* 漆、天然漆、漆器

音念簕咔（lag³ ka⁶），指清漆，广州话和恩平方言称之为叻㗎（lig¹ ga³⁻²）。

565. last /lɑːst/ *n.* 末尾、最后

原音念拉氏（la¹ si⁶⁻⁵），意为拉尾（lai⁶ mi¹），即最后、末尾。广州话记作拉士（lai¹ xi⁶），与恩平方言讲的尾屎（mi¹ si¹）、濑尾屎（lai⁶ mi¹ si¹）近似。

更地道一点讲，恩平话和广州话将 last 表达为"嚟"（lai¹）或"濑"（lai⁶），如嚟仔（lai¹ zai¹）嚟女（lai¹ nui¹）、嚟尾仔（lai¹ mi¹ zai¹）嚟尾女（lai¹ mi¹ nui¹），指的就是最后出生的子女，亦即是指最小的儿女。又如濑尾、濑尾鸭指的是最后的、末尾的那个，亦即是倒数第一的那个。

566. leghorn /ˈleghɔːn/ *n.* 来亨鸡

原音近似洌筒（lie¹ hung⁶⁻⁵），广州话称为力行鸡（lig⁶ hang⁴ gei¹）。

567. license /ˈlaɪsns/ *n.* 执照、许可证、牌照

恩平话谐音接近拉顺示（lai³ sun⁶ si⁶）或简称拉顺（lai³ sun⁶），广州话称英文执照为拉臣（lai¹ sen²）。

568. lift /lɪft/ *n.* 电梯

广州话称电梯为猎（lib¹），恩平话也念 lib¹。

569. linen /ˈlɪnɪn/ *n.* 亚麻布、亚麻线

原音接近恩平音里拧（li¹ ning⁶），广州话称为连仁（lin¹ yen²）。

570. merchant /ˈmɜːtʃənt/ *n.* 商人、店主、批发商

原音接近恩平音妈缠（ma¹ cin⁴），广州话称为孖展（ma¹ jin²）。

571. milk shake /mɪlk ʃeɪk/ n. 奶昔

恩平音念尾碌修（mi¹ lug¹ sei³⁻²），广州话的音、意结合称奶昔（nai⁶ xig¹），是牛奶和冰激淋等的混合饮料。

572. mince /mɪns/ n. 绞碎的肉，肉末

恩平音念炆丝（men¹ su⁶），广州话称为免治（min⁶ ji⁶）。

573. mini /ˈmɪnɪ/ n. 袖珍型的东西　　adj. 袖珍的、微型的、迷你的

恩平音念尾汝（mi¹ ni⁶）与洋音同，近似微你（mi⁴ ni³）。广州话记作迷你（mei⁴ néi⁵），指袖珍的、小型的东西。普通话迷你（mí nǐ）的音也与英文接近。

574. mohair /ˈməʊheə(r)/ n. 安哥拉山羊毛织物，马海毛（织物）

安哥拉山羊毛织物远渡重洋登陆广州，广州话按译音称为摩睎（mo¹ hei¹）。

575. mug /mʌɡ/ n. 马克杯、杯子

广州和恩平音念作唛（mag¹），杯子，可作量具，例如煮饭时量1唛米、2唛米，即相当于1杯、2杯的量。

576. pad /pæd/ n. 便笺本、拍纸薄

恩平音念拍（pag³），指一种无格的本子，广州话音、意合译称拍纸簿（pag³ ji² bou⁶⁻²），恩平话为pag³ zi¹ bu⁶。

577. penicillin /ˌpenɪˈsɪlɪn/ n. 青霉素、盘尼西林

青霉素，译作盘尼西林，广州话pun⁴ néi⁴ sei¹ lem⁴，普通话 pán ní xī lín，恩平话 pon⁴⁻² nai⁴⁻² sai³ lem⁴⁻²。

578. potassium cyanide /pəˈtæsɪəm ˈsaɪənaɪd/ n. 氰化钾

恩平音把前一单词potassium念作炮teb¹甚（pou³ teb¹ sim⁶），指化学品钾，把后一单词cyanide念作洗乃（sai¹ nai⁶⁻⁵），指化学物品氰化物，两者合起来指剧毒化学品氰化钾。港、澳和广州习惯将cyanide称为山埃（san¹ ngai¹），实际用恩平话念作洗乃比用广州话念作山埃与英文更接近。

579. press /pres/ n. 压、按、挤　　vt. 压（模）、按、逼迫　　vi. 紧迫

恩平音念作普唎士（pu¹ lie³ su⁶），广州话按意直接将其记作啤（bé¹），例如，橡胶制品加工用的模压硫化机简称啤机，借助模具压一压叫作啤一啤，

啤代表模压。恩平口语也习惯讲啤（bia¹）。

580. quarter /ˈkwɔːtə(r)/ *n.* 四分之一、一刻钟

按普通话念柯叉（kē chā），这个单词似乎源于中文时刻的刻（kè），一刻钟等于一小时（60分钟）的四分之一，即等于15分钟。

581. saxophone /ˈsæksəfəʊn/ *n.* 萨克斯管（乐器）

萨克斯管，原音近似恩平音噻莎奋（sag¹ sa³ fun⁶），广州话称之为色士风（xig¹ xi⁶ fung¹），或色士风管（xig¹ xi⁶ fung¹ gun²）。

582. sherry /ˈʃerɪ/ *n.* 雪利酒

恩平音近似赊利（sia³ li⁶），广州话称之为些厘酒（sé¹ léi⁴ zeo²），或叫雪利（xud³ léi⁶）葡萄酒。

583. shoot /ʃuːt/ *n.* 开创、射击、射门、投篮

恩平音念作摔（sud¹），广州话记作恤（xêd¹），投篮叫恤波（sêd¹ bo¹），投中两分叫恤中两分（sêd¹ zung¹ lêng³ fen¹），投不进叫恤唔中（sêd¹ m⁴ zung¹）。

584. sideboard /ˈsaɪdbɔːd/ *n.* 餐柜、餐具橱

单词的前音节 side /saɪd/ 念洗（sai¹），意指边、面、侧面、旁边，单词的后音节 board /bɔːd/ 念砵（bod³），指板、夹板，合起念洗砵（sai¹ bod³），指餐柜、酒柜，广州话称砵柜（bud³ guei⁶）。

585. sir /sɜː(r), sə(r)/ *n.* 先生、爵士、（中小学生对男教师的称呼）先生、老师

近似广州话的蛇音（sê⁴），在港澳，需要找警察帮忙叫作揾阿蛇（wen² a³ sê⁴）帮忙，街头需要问路，先要礼貌叫对方一声阿蛇，代替先生。

586. slick /slɪk/ *adj.* 圆滑的、光滑的、油滑的 *adv.* 圆滑地、光滑地

广州话记作士叻（xi⁶ lig¹）或士叻㗎（xi⁶ lig¹ ga³），指由虫胶（红色结晶，半透明、可溶于酒精）制作成的假漆，涂敷后可使制品表面变得光滑、有光泽。

587. smart /smɑːt/ *adj.* 整洁漂亮的、衣着讲究的、时髦的、伶俐的、聪明的

广州话念作时唛（xi⁴ mag¹）或士唛（xi² mag¹），作时髦、漂亮解。恩平音念市唛（si⁶⁻⁵ mag¹），有时把它念成死唛（si¹ mag¹），后者带点调侃和贬损的味

道。例如讲"看他穿得花花绿绿洋洋得意的熊样子"，恩平方言用英文smart来调侃就成了"睇佢着得花哩花俏个死唛好得赤咁"，熊样子变成死唛，话里包含了对时髦漂亮的打扮既有点羡慕又带有一点嫉妒的心理。

588. souffle /'suːfleɪ/ *n.* 蛋奶酥

恩平音使浮（su¹ feo⁴），广州话称作梳乎厘（so¹ fu⁴ léi⁴），指蛋奶酥。

589. strawberry /'strɔːbərɪ/ *n.* 草莓、草莓色

恩平音念示哆㗖猠里（xi⁶ dua¹ lo² bie⁶ li⁶），广州话称士多啤梨（xi⁶ do¹ bé¹ léi²），指草莓、草莓色。

590. streptomycin /'streptə'maɪsɪn/ *n.* 链霉素

恩平音念涩奢咪肿（seb¹ cia³⁻² mai¹ sin⁶），指医药链霉素，广州话简称咪仙（mei¹ xin¹），二十世纪四五十年代，乡里人已认识咪仙（mai¹ sin⁶）可治肺痨病。

591. sundae /'sʌndeɪ.-di/ *n.* 冰激凌

音念散窦（san¹ dei⁶），一种冰激凌（冰淇淋），广州话叫作新地（sen¹ déi⁶）冰淇淋，普通话称三德（sān dé）冰淇淋。

592. tart /tɑːt/ *n.* 果馅饼

广州话称之为挞（tad³⁻⁷）或蛋挞（dan⁶ tad³⁻¹），指一种西式点心，做成小碟子状，上面有一层用果粒、鸡蛋、奶油和糖做成的薄馅，谓之果馅饼。恩平话亦叫蛋挞（dan⁶ tad³⁻¹）。

593. thinner /'θɪnə(r)/ *n.* （油漆的）稀释剂 *adj.* 较薄的、较瘦的

广州话近似念鲜嗱（xin¹ na⁴），因为是稀释、薄涂，故有寓意浅（qin²）和浅薄（qin² bog⁶）的意思。

594. toast /təʊst/ *n.* 烤面包、吐司

广州话念偷示（teo¹ xi⁶），记作多士（do¹ xi²），普通话记作吐司（tù sī），指烤面包。

595. toffee /'tɒfɪ/ *n.* 太妃糖

广州话念拖fi（to¹ fi¹），记作拖肥糖（to¹ féi⁴ tong⁴⁻²），普通话念太妃糖（tài

fēi táng）。

596. vanilla /vəˈnɪlə/ *n.* 香子兰、香草

原音近似哗呢啦（wa⁴ ni¹ la⁶），广州话把用香草加工的肉称云拿香肉（wen⁴ na⁴ hêng¹ yug⁶）。

597. vino /ˈviːnəʊ/ *n.* 酒、葡萄酒、果酒

用恩平音表达为 V 闹（V nou⁶），音近，广州话亦近似 V nao⁶，但是现实生活中很少用这个音，按意直接称酒。

598. violin /ˌvaɪəˈlɪn/ *n.* 小提琴

广州话同恩平话近似，念作怀娅恋（wai⁴ a³ lin¹），指小提琴。

599. waggon（=wagon）/ˈwægən/ *n.* 四轮运输马车、十四座位旅行车

恩平音近似念哗近（wa⁴ gen⁶）。前面的词条492有个van，指有蓬货车，恩平话念弯仔（wan³ zai¹），广州话念van¹ zei²。这里的十四座旅行车也被广州话称为wén¹仔（wén¹ zei²），与前面的van¹ zei²同音。

600. warrant /ˈwɒrənt/ *n.* 授权证、许可证、传票、逮捕证　*vt.* 保证、担保、授权、批准

恩平音近似念涡论（wua¹ lun⁶⁻⁵），广州话近似wo¹ lên⁶，但是从意译角度，广州话把它记作花令（fa¹ ling²），因这张纸代表传票、凭证，故又称为花令纸（fa¹ ling² ji²）。

601. waste /weɪst/ *n.* 浪费、废料、废弃物（例如废棉纱头）

广州话把废弃的棉纱头称作威士（wei¹ xi²），在工厂，一团一团的废棉纱头被当作搞清洁、擦机台、抹手、抹油的清洁布。其实，用恩平方言把它称作废丝（fui¹ su⁶⁻⁵），从音、意的角度也说得过去。

602. yeast /jiːst/ *n.* 酵母、发酵物、酵母粉（饼、片）

广州话把酵母（粉、饼、片）称为伊士（yi¹ xi²），发音与英文近似。恩平音念伊氏（yi¹ si¹）也与英文近。

603. yell /jel/ *n.* 叫喊、大声叫　*vt. & vi.* 叫喊、大声叫

发音近似椰露（yé⁴ lou⁶），按意记作嘢（yé⁵）。广州话（恩平话同）把一

个人闹脾气、暴躁发火大喊大叫称之为嘢嗻（yé⁵ zé⁶）、嘢嘢嗻嗻（yé⁵ yé⁵ zé⁶ zé⁶），这个嘢（yé⁵）成为英文 yell。

604. yeoman /ˈjəʊmən/ *n.*（古）自耕农、（旧时）侍者、仆人（服务于宫廷、贵族）

广州音念妖敏（yiu¹ men⁵），记作游民（yeo⁴ men⁴，恩平音 yiu⁴ men⁴）。汉语词典解释游民（yóu mín）是指没有正当职业的人，而英文的游民（yeoman）解作自耕农、侍者、仆人。

605. yes /jes/ *n.* 是，行，同意，赞成

广州话念嘢是（ye⁵ xi⁶）与恩平方言念嘢是（yiɑ⁶⁻⁵ si⁶）同音。现在人们习惯用食指和中指夹成"V"字型，口里念一声"嘢"或"耶"（广州话 yé⁵，恩平音 yiɑ⁶⁻⁵），表示同意、赞成、胜利。另外，嘢是与也是谐音，故"嘢是""也是"同样有是、行、同意、赞成的意思。

606. yuppie /ˈjʌpɪ/ *n.* 雅皮士

yuppie 被称为雅皮士。雅皮两字的普通话发音为 yǎ pí，因为它是对人而言，故称为雅皮士（yǎ pí shì），指西方国家中既年轻又能干又有上进心的一类人。广州话雅皮士念成 ngɑ⁶ péi⁴ xi⁶，发音不及普通话与英文近。

607. zine /zɪn/ *n.* 锌

广州译音近似演（yin²），但文字上却把这种由金属锌做成的镀锌铁、白铁、马口铁称之为星铁（xing¹ tid³）。恩平话叫醒铁（seng¹ hid³）或醒铁皮（seng¹ hid³ pi⁶）。醒音（xing¹）是由锌音（普通话 xīn、广州话 sen¹、恩平音 sen³）衍生出来的。

小结

这一篇幅从"补漏"的角度引出了75个英文单词，他们应当包含在《广州话词典》和《广州音字典》所说的"广州话里有英语借语两百多个"的范围里（注：没有严格的准确数字）。包括前面"恩平方言土话与英文交织的解读"中已触及的广州话英语借词，他们的绝大多数至少有以下几个特点：

一是体现了广州话在对外交流中频频与英文擦出"火花"。

二是他们明显落下了外来语的痕迹,有明显的"洋为中用"色彩。

三是与原生态的恩平方言对比,还难以在他们身上发现有像"英文与恩平方言那样"的"薯凿藤"关系,换句话说,即使他们有个别"中为洋用""出口转内销"的例子,但是从音、意所表达的词汇数量和释出的含义来看,他们还不足以与恩平方言媲美。

三、广州话里常见的英文外来词补充

四、恩平方言与普通话讲英语的例句对比

英语怎么学？英文怎么讲？

无疑，一步一个脚印接受正规教育是最正确可行的办法。除此，究竟还有没有别的途径可循？应该说，路子有很多，其中，《零起点应急说英语》这本书介绍的方法，多少给我们一些启发、参考。

该书采取了两种简易可行的办法，一是将英文例句用国际音标作出标注，同时又用普通话（汉语）谐音作了模拟，此举有利辅助记忆；二是将英文发音（包括英式和美式口音）录制成MP3音频，通过听录音模仿、校正发音。

该书作者认为，"会汉语就会说英语"，这话我表示赞同。而且，我觉得，对于既古老又现代、更兼与英语有着紧密交织、融会贯通功能的恩平方言而言，把这话换成"会讲恩平话更会讲英语"似乎未尝不可。

下面，我们不妨遴选一些句子，对恩平方言与普通话学说英文作个比较，两者遵从的规则都是《零起点应急说英语》。有比较才能有鉴别，一切以事实为依据。

顺序	英文原句	普通话这么讲	恩平方言这么讲
608	Hello! Hi! /həˈləʊ/ /haɪ/ 你好！您好！	哈罗（hā lou） 嗨（hāi）	他佬（ha³ lou¹） 嗨、係（hai⁶⁻⁵）
609	Good morning /gʊd ˈmɔːnɪŋ/ 早上好！上午好！	古德 莫宁 （gǔ dé mò níng）	骨摸拧 （gud¹ mua¹ neng⁶）
610	Good afternoon /gʊd ˌɑːftəˈnuːn/ 下午好！	古德 阿福特努嗯 （gǔ dé ā fú tè nǔ ēn）	骨哑付叉嫩 （gud¹ a¹ fu⁶ ca³ nun¹⁻²）
611	Good evening /gʊd ˈiːv(ə)nɪŋ/ 晚上好！	古德 衣吾宁 （gǔ dé yī wú níng）	骨依护拧 （gud¹ yi¹ wu⁶ neng⁶）

续上表

顺序	英文原句	普通话这么讲	恩平方言这么讲
612	How are you doing? /haʊ-ɑː-juː-'duːɪŋ/ 你好吗？（你过得怎么样？）	好阿又杜迎 （hǎo ā yòu dù yíng）	套阿妖赌挺 （hou³ a³ yiu¹ du¹ heng⁶）
613	Glad to see you! /glæd-tuː-siː-juː/ 很高兴见到你。	格莱德突斯意又 （gé lái dé tū sī yì yòu）	架甩醋鼠耀 （ga⁶ led¹ cu³ si¹ yiu⁶）
614	Good bye! /gʊd 'baɪ/ 再见！	骨德拜 （gǔ dé bài）	骨拜 （gud¹ bai³）
615	See you next time. /siː-juː-nekst-taɪm/ 下次见！	斯意又内科斯 太姆 （sī yì yòu nèi kē sī tài mǔ）	死妖搦示抵 （si¹ yiu¹ nig¹ si⁶ dai¹）
616	Thank you very much! /θæŋk-juː-'verɪ-mʌtʃ/ 非常感谢！	三克友威尔瑞 马吃 （sān kè yǒu wēi ěr ruì mǎ chī）	鲜荞窝里 妈脐 （sin³ kiu³ wua³ li¹ ma¹ ci⁶）
617	Can I help you? /kæn-aɪ-help-juː/ 你需要帮忙吗？	看爱嗨奥普又 （kàn ài hāi ào pǔ yòu）	近挨靴擸漂 （ken³ ai³ hia³ lab³ piu³）
618	I'm looking for a tie. /aɪ-m-'lʊkɪŋ-fɔː-ə-taɪ/ 我想要买条领带。	爱姆 卢克迎 佛尔鹅太 （ài mǔ lú kè yíng fó ěr é tài）	挨谙 碌擎科沤肽 （ai³ am³ lug¹ keng⁴ fua³ ei³ tai¹）注：肽念广州音。
619	Can you select one for me? /kæn-juː-sɪ-lekt-wʌn-fɔː-miː/ 你能替我挑一条吗？	看又色来克特万佛尔米 （kàn yòu sè lái kè tè wàn fó ěr mǐ）	近妖舍洌碗伙尾 （ken¹ yiu¹ sia³ led³ wan¹ fua¹ mi¹）
620	How about this one? /haʊ-ə'baʊ-ðɪs-wʌn/ 这条怎么样？	好阿宝特 地斯万 （hǎo ā bǎo tè dì sī wàn）	好阿宝 啲士换 （hou³ a³ bou¹ di¹ si⁶ won⁶）

续上表

顺序	英文原句	普通话这么讲	恩平方言这么讲
621	I don't like this color. / aɪ-dəʊnt-laɪk-ðɪs-ˈkʌlə(r)/ 我不喜欢这个颜色。	爱东特 来科则咖了（ài dōng tè lái kē zé kā le）	挨懂拉知卡嘞（ai³ dung¹ lai³ di³ ka¹ lag³）
623	The blue one will suit me more. /ðə-bluː-wʌn-wɪl-suːt-miː-mɔː/ 蓝色更适合我。	则布鲁万韦奥 苏特米莫（zé bù lǔ wàn wéi ào sū tè mǐ mò）	知步噜换搣啰首尾摸（di³ bu⁶ lu¹ won⁶ wui³ lo³ siu¹ mi¹ mua¹）
623	I'll take this one. /aɪl-teɪk-ðɪs-wʌn/ 我就买这个。	爱奥 忒克 贼斯万（ài ào tè kè zéi sī wàn）	挨啰戚啲示换（ai³ lo³ ceg¹ di¹ si⁶ won⁶）
624	How much is it? /haʊ-mʌtʃ-ɪz-ɪt/ 这个多少钱？	好马吃 衣子 衣特（hǎo mǎ chī yī zǐ yī tè）	好妈似悦说（hou¹ ma¹ ci⁶ yid⁶ sid¹）
625	Where do I pay for it? /weə-duː-aɪ-peɪ-fɔː-ɪt/ 我要在哪里付钱？	歪尔度爱配佛衣特（wāi ěr dù ài pèi fó yī tè）	威亚赌挨呸科烈（wui³ a³ du¹ ai³ pei¹ fua³ lid⁶）
626	I'll pay in cash. /aɪl-peɪ-ɪn-kæʃ/ 我付现金。	爱奥配印凯师（ài ào pèi yìn kǎi shī）	挨啰呸咽茄丝（ai³ lo³ pei¹ yin¹ kia¹ su⁶）
627	All right. /ɔːl-raɪt/ 好吧。	哦瑞爱特（é ruì ài tè）	哦-濑（o⁴-lai⁶）
628	Let me pay for the meal. /let-miː-peɪ-fɔː-ðə-miːl/ 我来请客吃饭。	来特米配佛则米瑞（lái tè mǐ pèi fó zé mǐ ruì）	浏尾呸科知尾露（led¹ mi¹ pei¹ fua³ di⁶ mi¹ lu⁶）
629	What would you like to eat. /wɒt-wʊd-juː-laɪk-tuː-iːt/ 你想吃什么？	沃特 吾德又来科突依特（wò tè wú dé yòu lái kē tū yī tè）	核屈妖拉措咿（wed⁶ wud⁶ yiu¹ lai¹ cu⁶ yi⁶）

续上表

顺序	英文原句	普通话这么讲	恩平方言这么讲
630	I'd like the Beijing Roast Duck. /aɪd-laɪk-ðə-'beɪ'dʒɪŋ-rəʊst-dʌk/ 我想吃北京烤鸭。	爱德 来科则北京 柔斯特 达克 （ài dé lái kē zé běi jīng róu sī tè dá kè）	挨拉斗北京 老是德 （ai³ lai¹ dei³ bēi jīng lao¹ si⁶ dag¹）
631	I'd like the steak and mushrooms. /aɪd-laɪk-ðə-steɪk-ənd 'mʌʃrʊms/ 我要牛排和蘑菇。	爱德 来科则斯迪克 安德 马使如姆子 （ài dé lái kē zé sī dí kè ān dé mǎ shǐ rú mǔ zǐ）	挨拉斗士丑晏妈事弄 （ai³ lai¹ dei³ su⁶ cei¹ an³ ma¹ su⁶ long⁶）
632	How would you like your steak done? /haʊ-wʊd-juː-laɪk-jɔː-steɪk-dʌn/ 您的牛排要几分熟？	好吾德又来科 要尔 斯迪克丹 （hǎo wú dé yòu lái kē yào ěr sī dí kè dān）	拷屈腰拉哟桠 士丑丹 （hou¹ wud⁶ yiu¹ lai³ yug³ a⁶ su⁶ cei¹ dan³）
633	I'd like it well done, please. /aɪd-laɪk-ɪt-wel-dʌn-pliːz/ 我想要全熟。	爱德 来科 衣特 外哦但 普利子 （ài dé lái kē yī tè wài ò dàn, pǔ lì zǐ）	挨拉决威噜丹披李事 （ai³ lai¹ kid³ wui¹ lo³ dan³, pi¹ li¹ su⁶）
634	I'm hungry, let's dig in. /aɪm-'hʌŋgrɪ, lets dɪg-ɪn/ 我饿了，动手吃吧。	爱姆 航格瑞，来次 低格印 （ài mǔ háng gé ruì, lái cì dī gé yìn）	挨谙 哼架利，洌示知卷 （ai³ am³ hang¹ ga⁶ li⁶, led¹ si⁶ dig¹ in¹）
635	Do you like some Japanese Sake? /duː-juː-laɪk-sʌm-dʒæpə'niːz-sə'kə/ 来点日本酒怎么样？	度又来科 萨姆 摘普尼子 塞克？ （dù yòu lái kē sà mǔ zhāi pǔ ní zǐ sāi kè）	都妖拉森则喷呢丝 莎茄？ （du³ yiu¹ lai¹ sam⁴ zag¹ pen³ ni¹ su⁶ sa³ kia¹）
636	I can't eat more, I'm full. /aɪ-kɑːnt-iːt-mɔː, aɪm-fʊl/ 我吃不下了，饱了。	爱康特 衣特毛，爱姆 夫奥 （ài kāng tè yī tè máo, ài mǔ fū ào）	挨近一摩，挨谙伙 （ai³ ken³ yid¹ mua¹, ai³ am³ fua¹）

续上表

顺序	英文原句	普通话这么讲	恩平方言这么讲
637	Can I have my bill? /kæn-aɪ-hæv-maɪ-bɪl/ 请把账单拿来好吗?	看爱海无买比奥 （kàn ài hǎi wú mǎi bǐ ào）	近矮靴付买肶路 （ken³ ai¹ hia³ fu³ mai³ bi¹ lu⁶）
638	Where are you from? /weə-ɑː-juː-frɒm/ 你是哪里人?	歪尔阿又夫如昂姆 （wāi ěr ā yòu fū rú áng mǔ）	威亚阿妖付滥 （wui³ a³ a³ yiu¹ fu⁶ lam⁶）
639	I'm from Guangzhou China, I'm Chinese. /aɪm-frɒm-guangzhou-ˈtʃaɪnə, aɪmˌtʃaɪniːz/ 我来自中国广州，我是中国人。	爱姆 夫如昂姆 广州 拆哪，爱姆 拆尼子 （ài mǔ fū rú áng mǔ guǎng zhōu chāi nǎ, ài mǔ chāi ní zǐ）	挨谙 赴滥 广州 彩娜，矮揞 搓泥师（彩泥师） （ai³ am³ fu⁴ lam⁶ gong¹ ziu³ cai¹ na⁶, ai¹ am³ cai³ ni¹ su⁶）
640	Are there any rooms available? /ɑː-ðeə-ˈenɪ-ruːmz-əˈveɪləb(r)l/ 有空房吗?	阿在尔 埃尼 如姆子 鹅威了保 （ā zài ěr āi ní rú mǔ zǐ é wēi liǎo bǎo）	阿爹阿 晏呢 窿士 阿威萝暴 （a³ dia³ an³ ni¹ lung⁴ su⁶ a³ wui³ lua⁴ bou⁶）
641	I want to book a standard room. /aɪ-wɒnt-tuː-bʊk-ə-ˈstændəd-ruːm/ 我想预定一个标准间。	爱网特突布克鹅斯丹德尔德 如姆 （ài wǎng tè tū bù kè é sī dān dé ěr dé rú mǔ）	挨碗粗卜阿示丹达弄 （ai³ won¹ cu³ bug¹ a³ si⁶ dan¹ dad⁶ long⁶）
642	Can I see the room first? /kæn-aɪ-siː-ðə-ruːm-fɜːst/ 我能先看看房间吗?	看爱斯伊则如姆 佛尔斯特 （kàn ài sī yī zé rú mǔ fó ěr sī tè）	近挨鼠知窿啡树杈 （ken³ ai³ si¹ di⁶ lung⁴ fia¹ si⁶ ca⁶⁻⁵）
643	I'd like a non-smoking room. /aɪd-laɪk-ə-ˌnɒn-ˈsməʊkɪŋ-ruːm/ 我想要一间无烟房。	爱德 来科鹅弄斯某克迎 如姆 （ài dé lái kē é lòng sī mǒu kè yíng rú mǔ）	挨知拉阿暖示髦琼窿 （ai³ di⁶ lai¹ a³ non³ si⁴ mou¹ keng⁴ lung⁴）

顺序	英文原句	普通话这么讲	恩平方言这么讲
644	I'd like to check in. /aɪd-laɪk-tuː-tʃek-ɪn/ 我想办理入住登记。	爱德 来科突拆克印（ài dé lái kē tū chāi kè yìn）	挨拉决呀咽（或赤印）（ai³ lai¹ kid¹ ciaŋ¹ yin³）（或 ceg¹ yin³）
645	Can you wake me up at 8 o'clock tomorrow morning? /kæn-juː-weɪk-mɪ-ʌp-æt-eɪt-ə'klɒk-tə'mɒrəʊ-'mɔːnɪŋ/ 你能明早八点叫醒我吗？	看又 韦克米啊普 艾特 诶特 鹅克酪克 特毛若 莫宁（kàn yòu wéi kè mǐ ā pǔ ài tè éi tè é kè lào kè tè máo ruò mò níng）	近妖喂尾鸭哦知确洛 措摸噜 摸拧（ken³ yiu³ wui³ mi³ ab¹ e di⁶ kog¹ log¹ cu⁶ mo¹ lu¹ mo¹ ning⁴）
646	It's time to go to sleep. /ɪts-taɪm-tuː-gəʊ-tuː-sliːp/ 该睡觉了。	依次 太姆突够突斯哩普（yī cì tài mǔ tū gòu tū sī lī pǔ）	一是歪粗搞粗士李吐（yid¹ si⁶ cai¹ cu³ gou¹ cu³ su⁶ li¹ pu⁶）注：此处歪念cai¹，不念wai¹。
647	Good night. /gʊd naɪt/ 晚安！	古德 奶特（gǔ dé nǎi tè）	骨呐（gud¹ nai¹）
648	Where are you going? /weə-ɑː-juː-'gəʊɪŋ/ 你要去哪里？	歪尔阿又够迎（wāi ěr ā yòu gòu yíng）	威亚阿妖搞挺（wui³-a³ a³ yiu¹ gou¹ heng⁶）
649	Where is the bus stop? /weə-ɪz-ðə-bʌs-stɒp/ 公共巴士站在哪里？	歪尔 衣子则巴斯 斯刀普（wāi ěr yī zǐ zé bā sī sī dāo pǔ）	威亚 鲤示知巴士 士塔（wui³-a³ li³ si⁶ di⁶ ba¹ su⁶ su⁶ tab³）注：塔按广州话念tab³。
650	Is it far from here? /ɪz-ɪt-fɑː-frɒm-hɪə/ 离这儿远吗？	衣子 衣特发弗如昂姆 黑尔（yī zǐ yī tè fā fú rú áng mǔ hēi ěr）	雪一花赴滥 喜丫（sid¹ yid¹ fa¹ fu⁴ lam⁶ hi¹ a⁶）

续上表

顺序	英文原句	普通话这么讲	恩平方言这么讲
651	How can I get to the post office? /haʊ-kæn-aɪ-get-tuː-ðə-pəʊst-'ɒfɪs/ 到邮局怎么走？	好看爱该特突则剖斯特哦费斯 （hǎo kàn ài gāi tè tū zé pōu sī tè ō fèi sī）	拷很挨吉措知剖视 拖啡丝 （hou¹ kan¹ ai⁶ ged¹ cu⁶ di⁶ pou¹ xi⁶ to¹ fui¹ su⁶） 注：拖念广州话 to¹。
652	It's a five minute walk. /ɪts-ə-faɪv-'mɪnɪt-wɔːk/ 走五分钟就到。	依次鹅弗爱吾 迷你特沃克 （yī cì é fú ài wú mí nǐ tè wò kè）	一帜搜 快付 尾汝 镬咔 （yid¹ ci³ sei¹ fai³ fu⁶ mi¹ ni⁶ wog⁶ ka⁶）
653	It's on my way, I'll walk you there. /ɪts-ɒn-maɪ-weɪ-aɪl-wɔːk-juː-ðeə/ 我顺路，陪你走吧！	依次昂买韦，爱奥 沃克又在尔 （yī cì áng mǎi wéi, ài ào wò kè yòu zài ěr）	一帜安买喂，挨噜 镬翘嗲丫 （yid¹ ci³ on³ mai³ wui¹, ai³ lu⁶ wog¹ kiu⁴ dia¹）
654	What do you do? /wɒt-duː-juː-duː/ 你做什么工作？	沃特度又度 （wò tè dù yòu dù）	屈赌妖肚 （wud¹ du¹ yiu¹ du¹）
655	I'm a civil servant. /aɪm-ə-'sɪv(ə)l-'sɜːv(ə)nt/ 我是公务员。	爱姆鹅斯依无奥 色温特 （ài mǔ é sī yī wú ào sè wēn tè）	挨掊阿鼠啡噜 写运 （ai³ am³ a³ xi¹ fia¹ lu⁶ sia¹ wun⁶）
656	Thanks for you. /θæŋks-fɔː-juː/ 谢谢您。	三克斯 佛尔又 （sān kè sī fó ěr yòu）	辛是科妖 （sen³ si⁶ fua³ yiu¹）
657	All right, bye-bye! /ɔːl-raɪt,'baɪ-baɪ/ 好的，再见！	奥瑞 爱特，拜拜！ （o ruì ài tè, bài bài）	噢濑，摆拜！ （o³ lai⁶, bai¹ bai³）
658	please! /pliːz/ 请！	普利子 （pǔ lì zǐ）	披李事 （pi³ li¹ su⁶）

顺序	英文原句	普通话这么讲	恩平方言这么讲
659	After you. /'ɑːftə-juː/ 您先请。	阿夫特又 （ā fū tè yòu）	哑负叉妖 （a¹ fu⁶ ca⁶ yiu¹）
660	I got it. /aɪ-gɒt-ɪt/ 我知道了。	爱告特 衣特 （ài gào tè yī tè）	挨葛秩 （ai³ god¹ did⁶）
661	I have no idea. /aɪ-hæv-nəʊ-aɪ'dɪə/ 我不知道。	爱海无 诺欧 爱迪俄 （ài hǎi wú nuò ōu ài dí é）	挨靴负脑挨啲丫 （ai³ hia³ fu⁶ nou¹ ai³ di¹ a⁶）
662	What is the date today? /wɒt-ɪz-ðə-deɪt-tə'deɪ/ 今天是几号？	沃特 衣子 则 嘚特 特嘚 （wò tè yī zǐ zé dē tè tè dē）	核一示 知抖 措抖 （wed¹ yid¹ si⁶ di⁶ dei¹ cu³ dei¹）
663	What day is today? /wɒt-deɪ-ɪz-tə'deɪ/ 今天礼拜几？	沃特嘚衣子 特嘚 （wò tè dē yī zǐ tè dē）	核斗一示 措抖 （wed¹ dei³ yid¹ si⁶ cu³ dei¹）
664	It's March eighth, Sunday. /ɪts-mɑːtʃ-eɪtθ,'sʌndeɪ/ 今天是3月8号，星期天。	依次 马吃 哎嘶，嗓嘚 （yī cì mǎ chī āi sī, sǎng dē）	一丝 妈丑池，散寔 （yid¹ su⁶ ma¹ cei¹ ci⁴, san¹ dei⁶）
665	Are you sure? /ɑː-juː-ʃʊə/ 你确定吗？	阿又术尔 （ā yòu shù ěr）	阿妖嗖丫 （a³ yiu¹ sua³ a⁶）
666	Exactly. /ɪg'zæktlɪ/ 正是。	衣格在克力 （yī gé zài kè lì）	溢泄卡脷 （yid¹ sed¹ ka⁶ li⁶）
667	I'm absolutely positive about it. /aɪm-'æbsəluːtlɪ-'pɒzətɪv-ə'baʊt-ɪt/ 我完全肯定。	爱姆 埃布瑟鲁特利 剖字伊提无 鹅宝特 衣特 （ài mǔ āi bù sè lǔ tè lì pōu zì yī tí wú é bǎo tè yī tè）	挨谙 押吵律理 颇悦地付 阿宝秩 （ai³ am³ ab¹ sa⁶ lud³ li⁶ pua¹ yid⁶ di⁶ fu⁶ a³ bao¹ did⁶）

续上表

顺序	英文原句	普通话这么讲	恩平方言这么讲
668	Excuse me. /ɪkˈskjuːz-mi/ 不好意思，打扰一下。	伊克斯扣子米（yī kè sī kòu zǐ mǐ）	逆示窍视美（nged⁶ si⁶ kiu¹ si⁶ mi⁶）
669	I'm sorry to bother you at this time. /aɪm-ˈsɒri-tuː-ˈbɒðə-juː-æt-ðɪs-taɪm/ 很抱歉在此时打扰你。	爱姆 扫瑞 突 播则尔 又 艾特 贼斯 太姆（ài mǔ sǎo ruì tū bō zé ěr yòu ài tè zéi sī tài mǔ）	挨谙 疏理措泼地妖歁 哋示肽（ai³ am³ sua⁶ li³ cu⁶ bod¹ di⁶ yiu¹ e⁶ di¹ si⁶ tai¹）（肽字念广州 tai¹ 音）
670	No, I don't mind. /nəʊ-aɪ-dəʊnt-maɪnd/ 我不介意。	诺欧，爱东特 慢得（nuò ōu, ài dōng tè màn dé）	脑，我懂咪（nou¹, ai³ dung¹ mai¹）
671	Exercise is good for health. /ˈeksəsaɪz-ɪz-ɡʊd-fɔː-helθ/ 运动有利健康。	艾克瑟赛子 衣子 古德 佛尔 海奥丝（ài kè sè sài zǐ yī zǐ gǔ dé fó ěr hǎi ào sī）	歁率势士 伊士骨科靴 路示（e⁶ sud¹ sai³ su³ yi³ su³ gud¹ fua³ hia³⁻² lu⁶ si⁶）
672	Take good care of yourself. /teɪk-ɡʊd-keə-ɒv-jɔːˈself/ 多保重身体。	忒克 古德 凯尔 哦呜 哟 塞奥夫（tè kè gǔ dé kǎi ěr é wū yō sāi ào fū）	丑掘茄丫负 妖疏路负（cei¹ gud⁶ kia¹ a⁶ fu⁶ yiu¹ sua³ lu⁶ fu⁴）
673	Have a nice day. /hæv-ə-naɪs-deɪ/ 祝您愉快！	海无鹅奈斯嗲（hǎi wú é nài sī dē）	靴哇呐示抖（hia³ wa³ nai¹ si⁶ dei¹）
674	You are a good singer. /juː-ɑː-ə-ɡʊd-sɪŋə/ 你唱得真好。	又阿鹅 古德 斯迎鹅（yòu ā é gǔ dé sī yíng é）	妖哑阿骨醒丫（yiu¹ a¹ a³ gud¹ seng¹ a⁶）
675	I love you! /aɪ-lʌv-juː/ 我爱您！	爱拉乌又（ài lā wū yòu）	挨啦负佑（ai³ la¹ fu⁶ yiu⁶）

续上表

顺序	英文原句	普通话这么讲	恩平方言这么讲
676	Happy birthday! /'hæpɪ-'bɜ:θdeɪ/ 生日快乐！	嗨皮 波丝嘚 （hāi pí bō sī dē）	乞披 啤丝逗 （hed¹ pi¹ bia¹ su⁶ dei⁶）
677	Merry Christmas! /'merɪ 'krɪsməs/ 圣诞快乐！	买瑞 克瑞斯么斯 （mǎi ruì kè ruì sī me sī）	咩梨 箍李似密事 （mia¹ li⁴⁻² ku³ li¹ su⁶ med⁶ su⁶）
678	Happy New Year! /'hæpɪ-njuː-jɪə(r)/ 新年快乐！新春快乐！	嗨皮 纽耶尔 （hāi pí niǔ yē ěr）	乞披 嫋爷 （hed¹ pi¹ niu¹ yia¹⁻²）
679	The Belt and Road. /ðə-belt-ənd-rəʊd/ 一带一路。	则陂鲁特 安得 捞特 （zé bēi lǔ tè ān dé lāo tè）	嗲啤噜晏佬 （dia³ bia¹ lu¹ an³ lou¹）
680	China dream. /'tʃaɪnə-driːm/ 中国梦。	拆哪 德哩母 （chāi nǎ dé lī mǔ）	彩娜 姿舔 （cai¹ na⁶ zu³ lim¹）
681	The Chinese dream. /ðə- tʃaɪ'niːz-driːm/ 中国梦。	则拆尼子 德哩母 （zé chāi ní zǐ dé lī mǔ）	嗲搓泥师（彩泥师）姿舔 （dia³ cai³ ni¹ su⁶ zu³ lim¹）

例句对比小结

上述列举了70多个日常生活例句，对使用普通话和恩平方言说英语进行了比较，只要仔细、认真分辨，便不难发现：

（1）即使你原来完全不懂英语，也可以借助普通话拼音去模仿说英文，印证了"会汉语就会说英语"的简单事实。

（2）借助恩平方言谐音去模仿说英文，真的有比普通话拼音说英文更加形象、简练、顺畅的感觉。

（3）这种模仿方法恩平话称之为"学口蚌""噙口蚌"，或称作"跟人口水尾""学人口水尾"，它并非是严格意义上的学习外语的好方法，引用它的主要目的是为了给恩平方言与英语的交织融合提供多一个佐证。当然，作为一种原始、笨拙的方法，对于自学自修、因应"临急抱佛脚"，它也可以起到引导入门、增加辅助记忆的作用，并非一无是处。

（4）例句亦表明，洋腔与土话的交织现象，并非恩平方言一家独大，汉语衍生出来的诸多方言土话，相信都在不同程度拥有这种共性，包括普通话和广州话。

（5）下面，谨以第616条词条Thank you very much作为特例，看看不同话音表达"感谢"的特色：

①普通话版：谐音记为"三克友威尔瑞马吃"，这句话接近于"三克油喂汝马吃"（sān kè yóu wèi rǔ mǎ chī）。别人家是用草喂马，你却舍得拿油送人喂马，马吃不吃油是另一回事，对方对您舍得送油的真诚一定非常感谢。

②恩平方言版：谐音记为"鲜荞窝里妈脐"，接近于"鲜蕌锅里马蹄"（sin^3 kiu^3 wua^3 li^1 ma^1 ci^6），荞与蕌皆念kiu^3，荞麦、蕌头皆为作物、食物，妈脐＝马脐＝马蹄＝荸荠，别人舍得把新鲜的荞麦面、蕌头、荸荠这等食物连同煮食的锅"一窝"送给你，你当然非常感谢啦！

③湖南方言版：这是一个真实的故事，发生在二十世纪上半叶中国革命战争年代的延安。当时，来自美国的一位战地记者、作家埃德加·斯诺，以亲身的经历写了一本名为"西行漫记"（又名"红星照耀中国"）的书，并赠送给中国革命领导人毛泽东主席一本。毛主席写了一张字条表示感谢，上书"三块肉给你马吃"七个汉字。开始，斯诺拿到字条不解其意，后来弄明白，那是毛主席用他的湖南乡音把英文Thank you very much翻译成非常感谢的意思。

想想那个艰苦的战斗年代，红军爬雪山、过草地，把树皮草根都吃遍了，哪来的肉吃啊？毛主席把英文Thank you very much化成"三块肉给你马吃"作为回礼送给斯诺先生，深深体现了伟人的革命浪漫主义情怀，体现了对国际友人的友好情谊，从中又不失诙谐、幽默、风趣。

此后几十年，斯诺先生成了毛主席的老朋友，也成了中国人民尊敬的好朋友，足见语言的魅力不一般。

④如此这般，说明无论是外语（英文）还是中文（普通话），抑或是源出汉语的方言土话，均各具特色又不乏共性，彼此之间正因为有了互相沟通、交织融会、互相渗透，彼此吸纳，才彰显了语言文化的不断发展和日益丰富多彩。

五、结尾语

通过恩平方言这个小窗口对所选600多个有代表性的英文单词和70多个例句的演绎对比，概括有如下几点收获体会：

（1）作为汉语言大家庭的一分子，恩平方言从模仿英文发音到英文词义的推演解说，都表现出与洋腔（英文）亲近、接地气的一面，26个英文字母的原声，除了N和T，都能找到接近其音的文字表达，而且比广州话和普通话拥有的多，单词词义演绎表现出来的生动贴切、诙谐有趣和真实性，也是广州话和普通话难以比肩的，有点语言奇葩的风采。

（2）小窗口除了显示出侨乡方言自身的特色和魅力，也为"会汉语就会说英语"这一观点提供了既直接又有力的依据。当然，它最终表明的仍然是汉语言文化的博大精深和璀璨。

（3）英文外来语（英文借词）体现了语言沟通、洋为中用的特色，而英语里出现的明显的或疑似"汉语出口转内销"的单词，其发音、意涵与恩平方言代表的汉语的无缝对接，充分体现了汉语言对英语的交织、融入，可以说"英语与汉语"之间也存在着类似"恩平方言与关中方言"那样的"薯𫘤藤"关系。（作者称此为"汉为英用""中为洋用"）

（4）恩平方言拥有方方面面特色，相信其他地方方言也并非孤立，他乡他邑，如果同样发掘整理，无疑将会对弘扬祖国汉语言文化做出贡献。

（5）如果您是外地人，不懂恩平话，不要紧，只要你笃信"会汉语就会说英语"，相信这方言的解说难不倒你；如果您是恩平本地人（或扩展至全五邑人），你是否会有"天天说着英文自己却不觉得"的感觉？会否能从"会汉语就会说英语"这句话中受到启发和鼓舞，发自内心大胆表白一句"会恩平话会五邑话更会说英语"？！

（6）最后，让我们为恩平方言这个小窗口撩开了侨乡方言神秘的面纱点个赞吧！这是因为，它不仅有力地诠释了土话与洋腔交织的事实和乐趣，从中，它还从草根的角度、从原生态的角度揭示了诸多"汉为英用"的实例，有力地佐证了"中为洋用"的观点，与"洋为中用"相映成趣、相得益彰，使人不得不相信，具有五千年文明的"汉语言"以及拥有她的主人"中国人"，在这个世界上即使不是唯一最早的"洋话"和"洋人"，起码也是其中的佼佼者或先行者之一。五邑开平旅美侨领司徒美堂先生曾说过一句话，"在这个世界上，哪里有人烟，哪里就有华侨"，这句话可是有历史份量的。至于说到历代华侨中英文水平的佼佼者，就不能不提到恩平的唐明照先生父女。唐明照先生曾由中华人民共和国政府举荐出任联合国副秘书长，其女唐闻生女士曾任毛泽东主席和周恩来总理的英文翻译。

透过恩平方言这个小窗口，明白了可爱的祖国"中国"被英文将其译为China是因其起源于陶瓷，但有人把China译作汉语"支那"（zhī nà），其音不准确，其义肤浅而不严肃。在此，"小窗口"要还原祖国母亲的真面目，名正言顺、郑重其事地宣告：**中国，她辽阔宏伟，光彩夺目，娇娜多姿，她叫彩娜（China）！中国人，出身于搓泥氏，成名于彩泥师（Chinese）！彩泥师姿舔（Chinese dream），让我们有了中国梦！**

本书掀起的点点小浪花，如果读者诸君、乡亲朋友赞同，我们就一起以下面这句土洋结合的话作结尾吧！

恩平方言——

骨！哇哩骨！哇哩哇哩骨！

英文回复——

Good！Very good！Very very good！

好！很好！非常非常有意思！

2018.12